散打教学与训练

周争蔚　主　编

人民体育出版社

编 委 会

主　编：周争蔚

副主编：龚海燕

　　　　彭　智

　　　　蔡英杰

前 言

散打是散手的俗称，古称相搏，卞、弁、白打、拍张，手战、相散手等，由于徒手相搏相角的运动形式，在台子上进行，又称“打擂台”。散打是中华武术的重要组成部分，是中华民族的传统体育格斗竞赛项目。它把武术套路中的攻防动作拆散开来，根据当时对方的不同情况、特点，任意组合，灵活运用，随情变化，以踢、打、摔为进攻形式，以格挡闪躲为防守策略，猛冲巧打以谋取胜为根本指导思想。

在古代，散打多用于保国卫民、临阵杀敌和抗暴自卫，即多体现在军队战事上。古战争的作战条件和历史的局限性，促使了古代武术的发展，并逐渐丰富了散打的内涵。

新中国成立后，经过对武术这一民族文化瑰宝的挖掘整理，作为武术的重要组成部分的散打运动，也雨后春笋般地在民间流传，改革开放以来，经过试验、教学、比赛，在科学的指导下，多层次与外交流，如今散打已成为中华民族的正规传统体育竞赛项目，已向世界迈开了可喜的步伐，并且已形成了它独特的科学体系。

为进一步促进和推动散手运动的发展，提高其理论和技术水平，建立规范性、科学化的理论、技术体系，我们编写了此书。它较系统地介绍了散手运动的历史、教学训练、竞赛裁判、技战术、身体训练以及运动损伤预防和急救等，可供体育院系教学训练参考，亦可作为大学公共体育散手教学的教材。

由于在散手运动的实践中不断涌现新技术、新方法有待总结，且某些技术理论问题，也在发展之中，再加之时间仓促，编者水平所限，书中难免有误，恳请读者对书中的错误之处不吝批评、斧正，我们将不胜感谢，以便今后补充修改。

编者

目 录

第一章 散打运动概述 …………………………………… (1)

第一节 散打运动的起源与发展简况 ……………………… (1)
第二节 散打运动的特点与作用 ………………………… (5)
第三节 散打运动对运动员生理的作用 …………………… (8)

第二章 学习散打的常识 ………………………………… (11)

第一节 散打的学习方法与要领 ………………………… (11)
第二节 武术散打的礼节、服装、段位 …………………… (13)
第三节 人体的要害部位 ……………………………… (15)
第四节 人体的攻防部位 ……………………………… (17)
第五节 学习散打应注意的事项 ………………………… (19)

第三章 散打的教学原理 ………………………………… (23)

第一节 散打的教学原则 ……………………………… (23)
第二节 散打教学的特点 ……………………………… (25)
第三节 散打教学的阶段和步骤 ………………………… (28)
第四节 散打的教学方法 ……………………………… (31)
第五节 散打教学课的任务与结构 ……………………… (36)

第四章 散打技术及其教学 ……………………………… (43)

第一节 实战姿势 …………………………………… (43)
第二节 手型、步型与步法 …………………………… (44)
第三节 拳法技术 …………………………………… (54)
第四节 腿法技术 …………………………………… (94)

第五节　摔跌法技术 …………………………………………… (141)
第六节　防守技术 ……………………………………………… (174)
第七节　防守反击 ……………………………………………… (193)
第八节　攻中反击 ……………………………………………… (196)
第九节　专门辅助练习的内容与方法 ………………………… (197)

第五章　散打运动训练的基本原则 ………………………… (211)

第一节　从实战出发原则 ……………………………………… (211)
第二节　动机激励原则 ………………………………………… (215)
第三节　直观性原则 …………………………………………… (218)
第四节 系统性原则 …………………………………………… (221)
第五节　周期性原则 …………………………………………… (225)
第六节　适宜负荷原则 ………………………………………… (229)
第七节　适时恢复原则 ………………………………………… (233)
第八节　区别对待原则 ………………………………………… (236)
第九节　有效控制原则 ………………………………………… (238)

第六章　散打训练计划的制定 ……………………………… (243)

第一节　散打训练计划概要 …………………………………… (243)
第二节　多年训练计划的制定 ………………………………… (248)
第三节　年度训练计划 ………………………………………… (252)
第四节　阶段训练计划 ………………………………………… (259)
第五节　周训练计划的制定 …………………………………… (263)
第六节　课训练计划的制定 …………………………………… (266)

第七章　散打运动员常见运动性伤病的预防与救治 ……… (273)

第一节　概述 …………………………………………………… (273)
第二节　散打运动员常见运动损伤的发生原因和预防 ……… (276)
第三节　散打运动员损伤的现场急救和处理 ………………… (282)
第四节　散打运动员常见运动性伤病的诊断与治疗 ………… (286)

第一章　散打运动概述

散打，又称为散手，武术搏斗运动的项目之一，是两人按照一定的规则，使用踢、打、摔等技击方法制胜对方的徒手搏斗运动。

第一节　散打运动的起源与发展简况

历代徒手搏斗名目各异，称谓也不同，有“角力”“技击”“手搏”“相搏”“卞”“弁”“白打”“拍张”“抢手”等。

武术徒手搏击，源于人与兽斗和人与人斗，原始社会时期，人们为了生活资料的获得，逐渐学会了使用拳打脚踢，绊搏、擒拿等动作“手擒猛兽”，据有关考古资料表明，远古时期猛兽极多，人类为了生存和获取食物，除了制造和使用简单的工具外，还必须依靠自身的徒手技能与大自然斗争。人与兽斗只是单纯的生产劳动，而人与人之间的搏斗，则为武术徒手搏击的产生奠定了基础，据记载：早在春秋战国时代，便有了近于比赛形式的“春秋角试”，每年以此选拔士卒；统治阶层中也常以“相搏”来决胜负。鲁国公子季友俘获莒国莒挐后说：“吾二人不相悦，士卒何罪？屏左右而相搏，公子友处下。”（《谷梁传》）

到了奴隶社会，作为具有独立形态的武术徒手搏击，即“手搏”形成了，并成为当时奴隶主欣赏的一项活动。据《殷·本纪》记载：“帝纣……材力过人，手格猛兽。”可见这种“搏兽”已非生产技能，而是服务于奴隶主、贵族狩猎活动的搏斗技能。《礼记·王制》记载“凡执技论力，适四方，赢股肱，决射御”，表示当时已经有了用“执技论力”，“赢股肱”来决定胜负的相搏之技。《释名》称：“相搏将谓广搏以击之也。然举手去要，终在扑也。”《谷梁传》记载：周朝有两个高手叫秦廑文与梁纥（孔之父）“以力相高”。这表明武术徒手搏击在周代时已发展到一定的水平。

春秋战国时期，有近于比赛形式的“春秋角试”，每年以此来选拔士卒。《管子七法》记载，“春秋角试，……收天下之豪杰，有天下之骏雄”相搏取胜。《左传·成公十六年》述：“叔山冉搏人以投，中车所轼。”《荀子·富国》说：“是犹鸟获与焦绕搏也。”《国语》记载了赵简子所说牛谈有力，就把他请来与其臣少室周比赛，结果少室周败给了牛谈。

上述资料反映当时手搏已经作为专门的搏击技能存在了。除了技术外，战术也有一定的发展。在《荀子·议兵篇》和《资治通鉴》中都有记载：“若手臂之悍头目而覆胸腹也，诈而袭之与先惊而后击之，岂手臂不救也。”从中可看出徒手相搏，已有惊上取下、佯攻巧打的战术运用。《庄子·人间世》说：“且以巧斗力者；始乎阳，常座乎阴，大至则多奇巧。”可见战术在搏击实战中有了一定的运用。

到了秦汉三国时期，相搏分化为“角抵”和“手搏”，“角抵”以摔为主，“手搏”以打为主，同时也兼有摔。《汉书·艺文志》中收录的《手搏》六篇虽已失传，但在残简中有“相错蓄，相散手”的释文，“错蓄”是两人摔倒纠缠的样子，“散手”则是两人分离后空拳而斗的样子，这是最早在相搏运动中使用“散手”一词。这说明角抵和手搏已相互分离。

在 1975 年湖北江陵凤凰山秦墓中出土的一件木篦上有描绘这一时期手搏的彩色漆画。画面上有三个男子，均上身赤膊，下着短裤，腰间束带，足穿翘头鞋。右边两人正在进行“手搏”比赛，左边一人，双手前伸，为比赛裁判。台的上部还有一帷幕飘带，表示这种比赛在台上进行。整个比赛画面热烈紧张，参加“手搏”的双方，一方横击另一方头部，另一方闪躲后弓步冲拳还击对方头部。

此时的角抵，主要是两两相敌的角力，即颜师古所说：“抵者，当也。”这既是力量的较量，又是技艺的较量。角抵活动不仅可以强身健体，而且可以通过这种激烈的对抗赛，使观赏者精神振奋，回味无穷。

汉初，刘邦曾一度罢废角抵，但却没能完全禁止，到了汉武帝时，反而大力提倡。如《汉武故事》载：“未央庭中设角抵戏，角抵者六国所造也，秦并天下，兼而增广之，汉兴虽罢，然犹不都绝，至上（五帝）复采用之，并四夷之乐，杂以奇幻，有若鬼神。角抵者使角力相抵触者也。”武帝特别嗜好此戏，《汉书》中就有“五帝作巴渝、都卢、海中、砀极、曼衍、鱼龙、观角抵之戏”的说法。不仅宫廷如此，民间也相当流行角抵活动。《汉书·本纪》载：“元封三年（公元前 108 年）春，作角抵戏，三百里内皆观。”“元封六年夏，京师民众观角抵于林平乐馆。”可见民间对角抵的喜爱程度。陕西省国史博物馆收藏的一幅汉墓铜牌上，也刻有角抵纹饰的画。两人赤脚，互相用一手扳腿、一手抱腰，相抱相摔，十分生动逼真。

西汉时“角抵”指“戏”，汉以后“角抵”一词便与“角力”一词混用了，这个过程又出现了“手搏”。关于“手搏”在汉画汉砖中多有体现。如四川新都出土的汉画砖“手搏图”中，就生动展示两人手搏对峙的姿态，河南密县打虎亭2号东汉墓室北壁画中有两个大胡子壮士，赤身，着短裤，留长发，足蹬翘头靴，两人在相较相搏。

总体讲，秦汉时期是“角抵”“手搏”的发展时期，秦以角抵为雅言，突出摔的方法；汉以手搏为技术，其基本特征是徒手搏击，终在扑，或倒或伤或死，二者有一定的区别。

隋唐时期是角抵、手搏盛行的时期。隋唐五代时，手搏角抵倍受重视，比赛几乎形成制度。社会繁荣使手搏的发展有了一定的基础。有了武举制，更促进武术向精练化、规范化发展。《隋书》记载了当时比赛的热闹场景，在大业六年，来自各地高手云集在端门街各献“天下奇技”，一比就是几天，甚至“终月而罢”。

宋元时期是角力、手搏的盛行时期，宋时手搏作为强身、活动手足的重要手段在民间广为流传。《史弘肇龙虎君臣会》中曰：“二人拳手撕打，四下人都观看，一肘二拳三翻四合，打倒分际，众人齐喊一声，一个汉子在血泺里卧地。”可见宋时手搏已“拳”“肘”“脚”兼用。并出现了比赛的规则：不准“揪住短儿”“按起裤儿”，可以“按直拳、使横拳”“使脚剪”。上述资料表明宋时手搏已有一定的规范程度。

到了元代，宫廷曾先后10次下禁令，严禁民间持有兵器习武，尽管手搏受限，仍练习不止。《元史》中同样也有关于“手搏”的记载。

明代是中国古代武术承上启下的重要时期，此时手搏多称为“白打”或“搏击”。比赛称之为打擂台，赛前先设擂主，由擂主安排好高手准备应战；赛前双方先要立好生死文书，否则不准上台比武。

清朝前期，伴随着农民运动及秘密结社组织的发展，出现了不少练武的“社”“馆”，同时也出现了一些门派及理论，创新出许多的武术套路，而且有多种的练功方式，人们开始重视武术的健身、防身、自卫、修身养性的作用。此时女子练习散手也较为盛行，清彩蘅子《虫鸣漫录》记载：“楚南有兄弟两人，请来拳师学艺，其妹在楼上看，……哥哥被拳师打倒，于是妹与拳师斗，交手后，妹飞起一脚，踢中拳师要害……”

民国初期，受西洋文化影响，武术已趋向现代体育。河北武术大师霍元甲在上海创立了“精武体操学校”，后改为“精武会”。河北马良创编并推广了中华新武术，中央国术馆也相继成立，并于1928年10月由国民政府中央国术馆举行了“第一届国术国考”。这次徒手比赛不分级别、不分流派、不带护具；不准攻击眼、喉、裆部；三局两胜，采取双败淘汰制。开始了近代武术搏击（散手）即散打比赛的新纪元。到了1933年举办的第二届国术国考，就有了护具规定和要求，比赛以性别分组，按体重分级，没有时间限制，将对方击倒为胜一局，三局两胜。

新中国成立后，武术作为中华民族文化遗产正式被列为推广项目，随后在研究发展重点上，先将武术套路运动形式进行推广，作为竞赛表演的重点。但散打运动在民间仍广泛流传。

为了使武术攻防格斗技术在比赛中得到检验，1979年3月首先在原浙江体委、原北京体院和武汉体院三个单位进行武术对抗项目的试点训练；同年5月，在南京市举行的全国武术观摩交流大会上，上述单位进行公开表演；同年10月，在第四届全运会上又进行了公开表演。1980年5月，在山西太原举行的全国武术观摩交流大会上进行表演的省市越来越多。同年10月，国家体委调集有关人员，开始制定散打比赛规则（意见稿）。1981年在沈阳举行的全国武术观摩交流大会上，北京体院与武汉体院进行一次公开表演比赛。1982年，国家体委又调集有关人员制定了《武术散手（散打）竞赛规则》（初稿），并按这一规则在北京举行了全国十单位武术散打邀请赛。自此，武术散打本着“积极稳妥”的精神，每年都举行一次全国性的武术对抗项目（散打）表演赛，不断总结经验，并在1987年采用了设擂台的办法，确定了以擂台为民族特色的竞赛形式。1988年，在由中国武术研究院、中国武术协会主办的国际武术节上首次举办了国际武术邀请赛，来自15个国家和地区近60名运动员进行了角逐，这标志着武术散打已经走向现代体育竞技的舞台。与此同时也出现了“散打”与“散手”一词相混用的现象，经过反复讨论没能达成一致意见，直到今天这种现象仍然存在。

通过1979—1988年这十年的实验总结研究，散打项目竞赛训练裁判规则日趋完善。1989年，国家体委将武术散打确定为国家正式竞赛项目，同年10月在江西宜春市举行了第一届全国武术散打擂台赛。1990年正式出版了《武术散手（散打）竞赛规则》，同年批准了14名武英级运动员和第一批国家级武术散打裁判员，同时比赛的评分也采用了电子记分器，标志着散打从表演进入了正规化的

武术散打比赛时代，这为散打的发展开创了新的历程。1991 年，全国武术散打比赛分为上半年举行的全国武术散打锦标赛（团体赛）和下半年举行的全国武术散打锦标赛（个人赛）。1993 年，在第 7 届全国运动会上，散打首次被列为正式比赛项目，设团体金牌 1 块；1997 年的第 8 届全国运动会上，散打项目金牌增加到 3 块。各省市及行业体协先后成立了散打专业队和集训队，并在国家体育总局直属六大体院开设武术散打专业，各地方武术馆、体育学校习练散打的学员层出不穷，散打运动在群众中已有广泛、深厚的基础。1998 年散打比赛被列为在泰国曼谷举行的第 12 届亚洲运动会竞赛项目。

2000 年，经国家体育总局批准，由国家武术运动管理中心组织举办了中国武术散打王争霸赛，全国各体协及省市专业运动队纷纷报名参加。散打王比赛奖金丰厚；赛事宣传、组织具有现代水平。主办者在比赛护具和比赛规则上进行了大胆的创新，将散打比赛护具改为点护式。即：取消原来的护胸、护腿、护头，比赛时运动员只穿护裆，戴护齿、拳套。并且在原来散打擂台的基础上设立了围绳，缩小了比赛场地，将比赛时间改为五局，这大大增加了比赛的对抗性和精彩程度，散打王比赛的成功举办标志着武术散打已向职业化道路迈进。

2003 年，由国际武术联合会组织，在中国上海举办了第一届世界杯武术散打比赛，比赛共设 11 个级别，有十几个国家和地区选派优秀的运动员参赛。我国选派 8 名选手参加比赛共获得 6 块金牌。世界杯散打赛的成功举办标志着中国武术散打正向国际体坛的全面进军，中国武术被赋予了新的使命。武术源于中国，但属于全世界。

第二节　散打运动的特点与作用

散打运动经过近 30 年的总结、改进和发展，已成为现代体育竞赛项目，它本着“更快、更高、更强”的奥林匹克精神，已逐步与国际竞技体育接轨。目前，散打运动不仅在国内，而且在世界五大洲的 70 多个国家和地区开展和普及。散打之所以具有很强的感染力和生命力，是由它本身的特点和作用决定的。

一、特　点

(1) 体育性

散打运动从初步研究到试点开展，从经验总结到全国推广，直至成为现代体育竞赛项目，曾经历过许多困难、矛盾和阻力。其中最主要的问题是：散打比赛与人们想象的武术徒手搏击形式截然不同，有人甚至认为散打不是武术，而只是“拳击加腿击”。而民间流行的武术搏击，一般都认为是防身自卫，一招制敌；或者像电影、电视、武打小说中描述的那样出神入化，风雨不透。这是武术在许多形式人为神化夸张的错觉而造成的误解。在现代文明社会中，我们不能让散打在狭窄的拼杀中去生存，应把武术之精华融入简单易行的运动形式，不仅能自卫还能强身，这样才能有广泛的生命力，才能真正走向社会，走向世界。于是，原国家体委武术院经过试验、论证后，认为散打的技法是以“增强体质，交流技艺，防身自卫，提高技术水平”为出发点，从传统武术徒手搏击术中取舍动作，使散打成为体育，即寓技击术于体育之中。

由于决策正确、方法得当，散打运动才得以顺利的开展和推广，从现在的散打运动形式来看，散打与其他运动项目基本相同，属于体育，但又突出地反映出武术的特殊本质——技击性，同时又明显地区别于使人致伤致残的技击术，不包含致人于死地的“绝招妙计”。散打规则严格规定了不准向对方后脑、颈部、裆部进行攻击，也不允许使用反关节动作及肘、膝的技法，但可以运用武术各种流派的技法。

(2) 对抗性

散打运动的内在特点，决定了它以相互对抗的形式来表现，所以，散打的基本形式就是对抗性。这种对抗，是在双方掌握了散打的基本动作和基本技术，经过一段的训练，在没有固定格式的情况下，在规则规定的范围内进行较技、较勇、较智，一分上下。

(3) 民族性

武术散打是中华民族的优秀文化遗产，是在中国特定的社会历史条件下逐渐演变发展形成的，因此它具有鲜明的民族特色。

中国散打不同于拳击，也不同于跆拳道，更不同于用头顶、肘撞、膝击的泰拳和不能用脚，只能用摔、绊、擒方法的柔道等项目。由于散打设擂比试，又不同于西方国家的揽绳的自由搏击，也不同于日本的空手道、相扑、格斗术，以及法国的忍拳等，武术散打要求“远踢、近打、贴身摔”，它的民族形式不是凝固的，也不能理解为“过去形式”“历史形式”或“传统形式”。民族形式有鲜明的时代性，因此形式不是单一的，而是多变的、演进的。

二、作 用

(1) 健体防身

散打是一项体育运动，通过学习和训练，能够发展人的力量、耐力、柔韧、灵敏等素质，同时散打又是一项对抗性体育运动，可以发展人的心智，使人的身心得到全面的锻炼。坚持散打训练、可强筋骨、壮体魄。

散打是以双方互相对抗为运动形式，这就要求练习者在实践中正确把握进攻的时机，防守要到位，反击要及时，从而建立正确的条件反射，同时还要针对不同的对手和双方临场的变化，提高应变能力，以及提高击打和抗击打的能力，这一切都完全起到了掌握防身自卫和克敌制胜技能的作用。

(2) 锻炼品质

散打训练，从开始的基本动作、基本技术练习，到条件实战以至全面实战的练习过程中，在每个阶段和每个层次都对人的意志品质具有不同程度的考验和锻炼。

初学散打时，要忍受拉韧带的痛苦；攻防练习时，要承受击打和抗击打的皮肉之苦；加量加强度时，要克服疲劳之苦；进行实战时，要克服胆怯、犹豫、紧张、冒失等不良心理反应。通过长期的散打训练，可以培养练习者勇敢、顽强、坚毅、不怕苦、不怕累，敢于拼搏的精神，进而形成成熟、稳健、积极向上的优秀品质。

(3) 竞技观赏

武术搏击之所以有很强的生命力，能延续到现在，除与社会文化背景以及运动的本身特点有极大的关系外，其搏击形成所具备的较高观赏性，也起到了一定的作用。在历史上，擂台比武除霸安良已传为佳话，当今不仅练习散打的多，而且观看散打比赛、对散打抱有极大热情的观众也日益增多，说明散打比赛不仅刺激、激烈，而且斗智、斗勇，具有较高的观赏价值。

(4) 竞技交流

中国武术徒手搏击，早在1000多年前就传到日本，当时称“唐手”，后来改称“空手”。现在，有许多国家的武术爱好者不仅喜爱中国套路武术，而且也喜欢散打运动。通过各国选手较技，不仅可以促进国际武艺交流，将中国散打运动推向世界，而且也可以增进各国运动员之间的了解和友谊，促进国际文化交往。

第三节　散打运动对运动员生理的作用

散手运动是一项以动力性为主的、强度不断变换的运动，属于非周期运动。而散手比赛是采用三局两胜制，每局净打3分钟，各局间歇1分钟。由于比赛激烈，间歇时间短，运动员在间歇休息中不可能达到体能的完全恢复，因此运动员常处在大负荷下的运动状态。所以，散手运动对运动员的生理有很大的影响，而且对运动员的身体机能有很高的要求。

一、神经系统

散手运动包括基本动作、基本技术、条件实践和全面实战。从掌握散手的基本动作，到运用基本的动作去进攻、防守、反击，直到与战术配合进行实战，是一个全面、系统、长期的训练过程。单以散手的基本动作看，就有步法、拳法、腿法、跌法和摔法，而每一种方法里又包括许多动作，从而使各方法、各动作之间又能组成众多的不同组合。所以各种运动技能在不同条件下的发挥和变换运用，都要求运动员有较高功能的神经系统，这样才能反应灵敏，动作敏捷。

二、感觉器官

许多研究资料表明，运动员经过散手训练后，会出现视觉运动反应时间缩短，皮肤痛觉和触觉的敏感性明显下降，前庭机能稳定性提高等。但是一旦训练中断，他们感觉器官的敏感性会逐渐恢复到原来水平。

视觉是散手运动的主导感觉。运动员通过视觉观察对手的意向和行为，作出视觉信息的反馈，加之其他感觉器官的信息反馈参与活动，就会综合激发和影响下一个动作技能的正确实施。所以在散手运动中，运动员的视觉和肌肉感觉负荷是很大的。

三、运动器官

运动器官由骨、关节和骨骼肌等组成。散手运动是人体全身的活动，通过训练，可经常地对骨骼进行机械性刺激，增进其坚固性，并能刺激骨质密度增生。受过训练的运动员关节软骨的接触面会增大，从而在受到外力的情况下，单位表面积承受的力量就会降低。

散手运动需要力量、柔韧、速度等素质来保证技术动作的发挥。所以通过散手训练，可使肌腱和韧带体积增大、增强、韧性好，从而提高其牵强力量。而在骨骼——韧带——肌肉系统中，韧带与骨骼的附着点是最薄弱的环节，经过训练，这些附着点会变得更牢固些。

四、心血管系统

长期进行散手训练，可以使人的基础心率和运动心率均减慢，而心搏量增大。其原因是训练可引起中枢性迷走神经冲动加强，并伴随交感神经抑制提高。研究证明，经过训练可加强心脏对全身的血液供应。

训练后血压的变化尚未得到一致的看法，但经过训练后，心脏体积增大、心肌血管分布增多、心肌收缩力量增强等一系列的变化，已得到充分证明。

五、肺通气机能

对于散手运动员来讲，训练对肺活量的变化不大。但散手是对抗性项目，它不仅要求出击快，而且还能承受打击，这样在进攻与防守挨打的瞬间呼吸要产生暂时的屏气。如果运动员长时间屏气会造成氧消耗减少，氧债增加，从而影响到整体工作能力下降。另外，屏气结束后，人体会出现反射性的深吸气，胸内压骤减，胸内静脉血流迅速涌入心房，使心肌过度伸展，血压猛增，这对缺乏心力的人十分不利。

因此，散手运动要有合理的屏气，要求屏气前吸气不要太深。在吸气后可微启声门，使呼气肌在强力收缩压迫胸腔时，让少许肺气有节制地从声门挤出，做“嗨”声呼气，如同打夯时的吆喝声，这样可相应地增强肌力。另外，呼吸要与动作配合，原则上是两臂前屈、外展、外旋、扩胸、提肩或展体时吸气，在完成与上述动作方向相反的练习时呼气。从事散手等项目的运动员，在比赛中调整好呼吸，是保证击打质量不可缺少的重要因素。

六、排泄系统

散手运动员参加激烈紧张的比赛后尿量减少，尿比重增多，尿液中各种中间代谢产物含量升高。

七、体　重

参加一场散手比赛后，运动员的体重一般要减少 1~2 公斤。

第二章　学习散打的常识

第一节　散打的学习方法与要领

一、武术散打学习各阶段目标及任务

根据武术散打的学习特点和运动技能形成的生理学规律，武术散打的学习可以大致划分为三个阶段。

第一阶段：初型概念期

基本理论知识、基本功、基本技术动作学习和掌握阶段。此时应加强基本功训练，掌握理论知识、动作原理，特别是掌握正确的基本动作，这是非常关键的，它是决定着击打力量、速度及攻防转换等制胜对方的重要因素。

第二阶段：攻防意识和战术意识形成阶段

在巩固基本动作、不断提高专项素质、熟练掌握多种技术动作及组合的前提下，通过进攻、防守及反击的训练，逐渐培养攻防意识，为进一步提高竞技水平做好准备。另外在此阶段还要注重战术意识的培养，因为战术意识的培养与练习，对提高运动员自身的技术水平有很大的促进作用。

第三阶段：提高个人技术特长、形成个人技术打法阶段

通过前两个阶段的学习，运动员的个人技战术水平有所提高，形成了个人的技术特色，这时教练员应因材施教，培养个人技术“绝招”，在全面提高掌握攻防技术的前提下形成个人技术特长，不断提高专项素质及增强打击力量，从而逐步走向成熟。

二、各阶段学习要求

（一）第一阶段的要求是打好基础

学习武术散打首要的一条是练好专项素质和基本功。专项素质包括：力量、速度、灵敏、柔韧等素质。基本功包括：基本的站立姿势、步法、基本拳法、腿法、摔法、防守技术等。在练习专项身体素质之前，首先要提高一般身体素质（内容包括跑、跳、力量等）。在具备一般身体素质的基础上，通过严格散打的基本功、基本技术训练，一定会提高专项素质。在掌握了正确的基本动作和具备了专项身体素质的基础上逐步提高拳腿的速度、力量，增加攻击实效性，提高抗击打能力的实战意识，为进一步强化学习和深入学习做好准备。

（二）第二阶段的重点是熟练掌握攻防技术

有了一定的散打基础后，在继续巩固技术动作的前提下，逐渐过渡到攻防技术阶段，全面系统地学习散打实战的攻防技术及战术。由简单的单个技术练习进入组合的攻防技术练习，形成个人的技术特点。学习时要从动作原理入手，了解动作的本质，体会攻防含义，从理论上去认识和掌握招式组合规律。还要根据自己的不足进行一些针对性练习，如：力量弱者要安排一定时间与数量的力量练习，技术动作不规范者要反复纠正错误动作，直到能够完成正确的技术动作为止，为进一步的学习及实战训练打好基础。

（三）第三阶段的目的是通过实战积累经验、检验成果、形成个人技术专长

武术散打是双方斗智、较技的对抗性项目，是以击败对手来取得比赛胜利的。练习的效果与水平都要通过实战来检验。实战的原则是要先从本队与自己水平相近的队友进行交手，以克服自己的胆怯心理。在实战中通过自己的感觉及教练的提示来发现问题，从而进行针对性的改正，不断地总结经验教训，不断地完善自己，提高技术水平。当水平达到一定的高度时，再过渡到与其他运动队之间

或与优秀选手之间进行交手比赛，学习他人的长处，完善自己的不足。要善于总结和发现，针对自己的特点形成个人的技术风格，也就是所谓的“绝招”。这样才能使自己成为一名优秀的散打运动员。

三、自学散打的几点方法

（一）掌握看图的方法

当你在无人帮助下学习散打时，看图自学是一种好的方法。在看图自学时，首先要认真阅读文字说明，分清哪几个图是一个动作，并按照文字要求先进行分解练习，待能够规范掌握分解动作时，再进行完整的动作练习。其次，要了解动作路线方位，边看边做，逐步体会，琢磨练习，一个动作一个动作地学习直至掌握技术要领。

（二）互相交流

在自学中，如果是两人结伴学习，效果会更好。一人按照文字说明慢说慢讲，一个看图后按照要求进行练习，互相观摩纠正，体会技术动作。这种方法在学习攻防技术动作时更为重要。在学习攻防动作时可以两人一组，一人为攻方，另一人为守方，逐步体会技术动作原理，理解动作的攻防含义，以达到学习目的。

第二节　武术散打的礼节、服装、段位

一、武术散打的礼节

中国是有着悠久历史的文明古国，礼仪之邦，正是在这样的环境下，勤劳善良的中华民族创造了中华武术。“未曾习武先习德”，可见武德对于习武者来说

是非常重要的。散打作为中华武术的一部分，礼节尤为重要，表现为：

（一）练习者见到老师时，首先要向老师敬礼问好。

（二）队员之间进行交手时应相互敬礼，练习后再次相互敬礼。

（三）敬礼的标准姿势应为抱拳礼。即两腿并立，左掌右拳于胸前相抱，高于胸部，手与胸之间距离为 20~30 厘米。

（四）参加比赛时，比赛开始前运动员要先向裁判员和观众敬礼，然后要向对方运动员敬礼，比赛结束后再次敬礼。

二、服　装

比赛时运动员必须穿戴赛会规定的统一比赛服装，平时练习时须穿与运动相适应的运动服装。

三、中国武术段位制等级制度

为推动武术运动的发展，提高武术技术与武术理论水平，振奋民族精神，增强人民体质，建立规范的全民锻炼体系，国家体育总局武术研究院在 20 世纪 80 年代开始调研并制定方案，1995 年开始在河南、江苏两个省进行试点，1996 年 7 月邀请国内数十名武术专家对试点工作及段位制实施细则进行审定，并提交第三届全国武术工作会议审定，经国家体育总局批准于 1997 年下半年开始实行武术段位制。共定为九级：一、二、三段为初段位；四、五、六段为中段位；七、八、九段为高段位。段位等级根据个人从事武术锻炼和武术活动年限、掌握武术技术和理论水平研究成果、武德修养以及对武术发展所做贡献来评定。凡遵守武德、热爱武术运动，具有相应的技术和理论水平者，均可申报武术段位（地市体育局考评委员会主持一、二段的考评，省、自治区、直辖市及国家体委直属院校考评委员会主持三、四段考评，国家体育总局武术运动管理中心考评委员会主持五、六段的考评及高段位的评审工作）。考评内容由技术（武术套路或散打）、理论及武德三部分组成；武德由所在单位组织鉴定，包括武礼、规范操作及武德基本知识三部分。技术考评的武术套路既可采用国家体育总局确定的规定套路，也可采用流传广影响大的拳种套路，散手包括散手技击技术、组合技术及实战内

容，或按照散手竞赛规则进行比赛。凡获得段位者均授予相应的证书及徽饰，并以徽饰图案划分段位的等级。即，初段位为鹰，中段位为虎，高段位为龙。获段位者可着国家体育总局武术运动管理中心统一设计的段位服。段位服为黑色，近似中山服，5 颗纽扣上镶有“武”字，左胸位置根据不同段位绣有龙、虎、鹰的图案，颜色分别为金、银、铜色。1998 年 4 月国家体育总局武术运动管理中心在北京首次向武林中人颁发了段位证书，此次获得武术高段位的九段有 3 人、八段 26 人、七段 83 人共计 112 人。

段位徽标

初段位：一段（青鹰）　二段（银鹰）　三段（金鹰）

中段位：四段（青虎）　五段（银虎）　六段（金虎）

高段位：七段（青龙）　八段（银龙）　九段（金龙）

第三节　人体的要害部位

散打技法是双方互以对方身体某一个部位为目标进行攻击的，这些目标绝大部分都是人体的要害部位。因此掌握和了解人体各要害部位的位置和功能，对于散打练习者来说很有必要。

一、头　部

头部在人体中起着重要的作用，有听、视、嗅觉器官，并有大脑、小脑等重要神经中枢，是人体生命活动必不可少的组织，面部的五官也常是被攻击的要害部位。头部的百会穴在头顶的正中线上，是人体的致命穴位之一。头部的太阳穴，骨骼平均厚度仅为 1~2 毫米，其组织非常脆弱，击打太阳穴会使人昏迷甚至死亡。此外，两耳部是距离小脑最近的部位，击打此处会使人因小脑震动而造成人体平衡系统失常，重者致瘫、致命。太阳穴和耳部是散打技术中拳法、腿法的主要进攻部位，后脑是脑神经最集中的部位，特别是延髓，是心血管系统和呼吸系统的中枢，击打后脑会致人昏迷，重者致死。此处是散打比赛中禁止击打的部位。

人的面部神经、血管分布相当丰富，痛觉极其敏感。眼睛是人手足之导，一旦受到击打会丧失战斗力。鼻对来自正面和侧面的击打承受能力很弱，若受到击打轻则疼痛、视线模糊，重则骨折、昏迷。人体的面部是散打技术中直拳、摆拳、侧踹腿、鞭腿的技术进攻的部位。

二、颈　部

颈部前有咽喉，位于颈部两侧有颈动脉血管是进行头部供血的主要渠道，是人体进行呼吸及吞咽食物的重要器官。若受到掐压、击打后，会使人昏迷甚至死亡。男子喉结骨折，可使脑部因缺血而昏迷以致死亡。颈椎紧接生命中枢延髓，如受到打击，可造成呼吸及消化系统的功能紊乱，重则危及生命。散打技术中的摆拳、鞭腿、侧踹腿、后摆腿等技术容易击打到颈部，练习时应注意安全。

三、胸　部

胸部是指胸骨剑突以上至锁骨的部位，人体的胸腔内有心脏、肺等重要器官，若受到击打或砸压会使心肺受到损伤，甚至危及生命。锁骨在人体骨骼中最容易骨折，锁骨一旦骨折便会丧失战斗力，此外位于胸骨下端的剑突，又叫“心窝”，在其内部的内脏器官有心脏，心脏的下部即心室，右边正好是肝与胃的重叠处。由于剑突是软骨组织，没有承受击打的能力，一旦受到击打，能够引起胃、肝及心脏破裂，造成人昏迷或死亡。

四、肋　部

肋部共有 12 对肋骨。肋部的上面部分有肋骨保护，下面靠腹外斜肌和皮肤组织保护。第 5 肋骨间隙右侧是心尖所在位置，右侧是肝脏下部。从解剖学角度来看，人的第 5~8 肋弯曲度较大，最易发生骨折。如受到外边打击可出现肋骨内向骨折，会伤及心脏肝脏导致大量出血。散打技术中的勾拳、鞭腿等技术是攻击

肋部的主要技术。

五、腹 部

腹部是剑突以下至耻骨联合的部位，分上腹和下腹两部分，以髋骨上沿和肚脐的连线为分界线，上面为上腹部，下面为下腹部。腹腔内的肝、脾、胃、肾等重要器官，若受到击打，会造成剧烈疼痛引起昏迷甚至死亡。

六、腰

腰部是维持身体姿势以及传导动作发力的主要部位，若受到击打、会造成腰椎、肾脏等损伤，从而影响人体正常运动。

七、裆 部

裆部有生殖器官，是人体神经末梢最丰富的部位。若受到击打、顶、撞等，轻则会造成疼痛难忍，继而会造成血压下降，全身乏力、休克甚至死亡。此处也是散打比赛禁止击打的部位。

第四节 人体的攻防部位

在散打技术中，人体的许多部位都可以作为进攻对方的“武器”，如拳、掌、肩、肘、膝、腿等。而在现代散打中，也就是说在规则的限制下，就重点突出了掌、拳、勾、脚、膝的进攻。肘关节也是进攻的武器之一，但在比赛中不允许使用肘关节进攻。下面我们着重介绍现代散打技术中使用的人体主要攻防部位。

一、拳

四指并拢，握紧，拇指内扣，拇指指关节扣压在中指和食指的第二个关节上。拳的击打力点主要是拳面，拳背，拳轮（图1）。

拳法是散打技术中的一个重要组成部分，也是在比赛中运用最多的技法之一。拳的关节部位比较坚硬，运用得好可以重创对方。

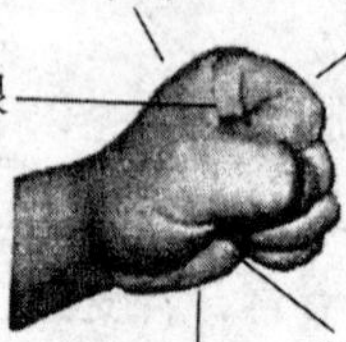

图1

二、掌

四指伸直并拢，拇指内扣，弯曲，贴近虎口称为掌（图2）。掌心向下，掌指向前，为俯掌；掌心向前，掌指向上为立掌。

掌的击打点有掌根，掌指，掌指背。掌多用于劈、推等动作技法。

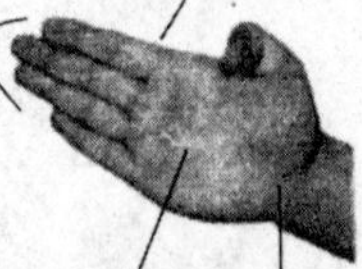

图2

三、勾

五个手指的第一个关节捏在一起，屈腕称之为勾（图3）。

勾用于击打的力点是勾顶，同时勾手也可用于搂抱对方的进攻腿。

图3

四、脚

脚进行击打的力点有脚背、脚掌和脚跟（图4-①、②）。

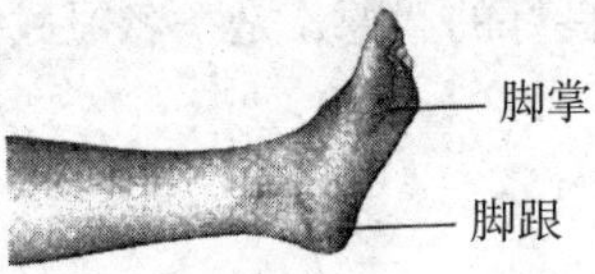

图 4–①

图 4–②

腿法也是散打技术中重要的组成部分，而腿法技术的力点大多都在脚，脚可以攻击对方各个要害部位。比赛中如能合理运用，可以重创对方。

五、膝

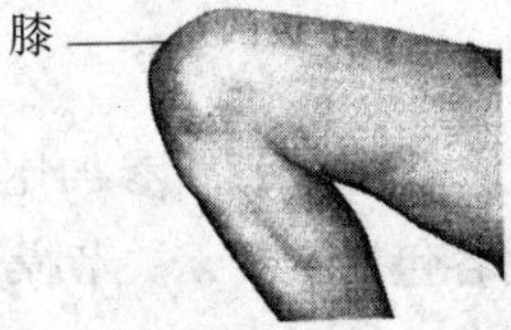

图 5

大腿提起，小腿与大腿夹紧，使膝关节部位突出（图 5）。

膝关节部位比较坚硬，是近战的技法之一，主要用于撞击、冲顶对方躯干部位。

第五节　学习散打应注意的事项

一、加强“武德修养”

中国是具有“礼仪之邦”之称的文明古国，武术散打正是在这样一个大的环境下孕育而生的。武术在几千年的流传过程中历来重视“武德”的培养，正所谓“习武先习武德”，“拳以德立，无德无拳”。武术的修炼过程是一个内外双修的过程，讲究德武双修，要练就上乘的功夫，也要在道德方面达到较高的境界。武德是老一辈武术家给予我们的精神财富，是指尚武崇德的精神，是评价习武者道德水平的标准。学习散打的目的不仅是追求强健的体魄，自强不息的尚武精神，更是培养宽厚谦让、诚实守信、除暴安良、扶助弱小的道德修养。因此，学练散打必须加强武德修养，树立助人为乐、见义勇为的优良风尚，切不可以恃强凌弱、打架斗殴、肆意闹事、违反社会公德。树立良好的武德，是一名习武者必须具备的道德修养。

二、树立坚韧不拔的意志和持之以恒的学习态度

散打运动是一项既复杂又难练的项目，学习的过程中将遇到各种各样的困难，如疼痛、疲劳等。在这些困难面前只有树立坚韧不拔的意志和持之以恒的学习态度，潜心钻研，才能不断提高自身的武技。

三、练习前准备活动要充分

练习散打或参加比赛前有充分的准备活动，准备活动的时间在 20~30 分钟，内容包括跑步，关节操，游戏及拉韧带等。通过充分的准备活动将各韧带、关节充分活动开，提高神经与肌肉的兴奋，有效地克服内脏器官的生理惰性，使肌体各器官处于兴奋及运动状态。切不可没有做准备活动就进行剧烈的运动，从而造成关节、肌肉、韧带的拉伤，影响正常的训练。因此做好充分的准备活动是避免运动损伤的有效手段。

四、遵循循序渐进原则，不可急功近利

学习散打最重要的一个原则就是系统性。正确科学合理地安排学习训练计划，才能够较好地掌握散打技术，切不要贪多图快，否则欲速则不达。如在学习的过程中，还没有学习防守技术就进行实战练习，这样不但不能进步，反而容易造成运动损伤，影响学习进度。

五、要具备自我保护能力

学习散打必须经历的过程就是实战，如果在没有穿护具的情况下进行实战，

是很容易损伤的。因此在实战练习穿戴护具是较好的自我保护措施，护具包括护胸、护腿、护裆、护齿、拳套等。另外在练时有条件者最好在垫子上进行练习，无条件者可在平整场地上进行。

六、训练结束后要进行全面的放松

训练结束后，人体的各种生理机能还维持在一个较高的水平，需要有一个由高到正常的调整过程。全面的进行放松整理，能有效地消除疲劳，消除代谢产生的乳酸，缓解肌肉疼痛。

第三章　散打的教学原理

散打教学和其他体育项目教学一样，既有体育的特点又有教学的性质。因此，散打教学必须以教育学和体育理论为指导，遵循运动技能的形成规律和人体机能活动变化的规律。散打教学除具有体育教学的共性特点，即有目的、有计划地向学生传授各种技术技能，使学生通过身体的反复练习，并与思维活动相结合，掌握这些技能外，在教学实践中还逐渐形成了自己的教学特点、适合本项目特点的教学阶段与步骤及独特的教学方法与手段等。

第一节　散打的教学原则

一、教师的主导作用和学生的主动性相结合原则

散打的教学过程，实质上就是教师教和学生学的过程，教和学是两个相互统一的整体，只有充分发挥学生和教师双方的积极性，才能圆满完成教学任务。而教师与学生积极性的发挥，既是相互独立的，又是相互依存、相互影响和相互促进的，但起主导作用的是教师。教师在教学的过程中，应充分发挥其自身的积极性和创造性，根据自己对散打的理解和亲身体验，结合运用科学的教学方法，使学生尽快地掌握散打的基本知识和技能。同时，作为学生在学习中，要在教师“言传身教”和启发教育下，明确学习散打的目的，提高练习散打的兴趣，从而认真主动地进行学习和练习。只有在充分发挥教师和学生双方积极性的情况下，才能完成好散打的教学任务。

二、直观性原则

直观性原则是在教学中综合利用学生的各种感官和已有的经验，运用直观方式丰富学生的感性认识和直接经验，使学生获得生动的形象，从而掌握所学的知识、技术和技能。

三、循序渐进原则

散打的技术方法和实战训练是多种多样的，在教授学生学习时，要根据学生的具体情况和目的需要，由简单易学和基础性基本技术开始，渐向综合和高难过渡，使学生能够在由浅入深、从简到繁、由易到难的循序渐进的学习过程中，逐步学习掌握和理解运用所学的散打技术和战术，进而过渡到真正的对抗实战。

四、系统性原则

系统性原则主要体现在学习内容和学习过程中。一名优秀的散打运动员，从他开始接受散打训练，到他成为优秀的散打运动员，他学习的每一部分技术、战术，以及学习中积累的经验，都是一步一步地、系统地学习形成的。这就要求教师在教学时，根据学生的具体情况，结合所学内容，系统而有计划地安排好不同学生、不同时期、不同目的的学习。教法上可采用多种形式的教学手段、利用多种辅助学习和练习方法，系统、有序地进行散打教学。在教技术的同时，也要相应地根据所学技术，进行理论教学，使理论和技术同样体现出系统性。这样，学生就会系统地掌握技术和理论，为学好、练好散打技术、战术，提高散打运动成绩打好坚实可靠的基础。

五、巩固和提高相结合原则

学习的过程，既是学习掌握新技术、战术的过程，同时也应是复习提高所学的过程。即使是最简单的直拳进攻技术，如果不进行反复练习，就不能在实战中很好地运用出来。巩固与提高相结合原则，是根据认识规律和运动技能形成的规律总结出来的，是学生学习知识、掌握技能的重要环节。掌握和巩固所学技术、战术也是学生学习新的技术、战术，顺利进行学习的基础，是学生熟练地运用所学技术、战术的基本条件。所以说，巩固和提高相结合，是学生丰富学习内容必不可少的原则。只有在充分理解和掌握所学技术、战术的基础上，进行新的技术、战术学习，才能达到巩固提高的目的。

第二节　散打教学的特点

一、　了解散打教学的基本特点

散打是一项激烈的对抗性运动，只有了解散打教学的基本特点遵循散打教学的独特规律，才能不断提高教学质量。

(一) 以德为本，贯穿始终

武德是从事武术活动的人在社会活动中所应具有的道德品质和行为准则。“未曾学艺先学礼，未曾习武先习德”。散打教学不仅是增进健康、培养一定格斗技能的过程，而且是陶冶情操、培养高尚道德品质的有效手段。教师首先对自己的言行要严格要求，不仅要有高尚的武德和精湛的业务能力，而且在教学中更要善于了解学生的心理活动，有针对性地进行武德教育，以不断培养学生良好的道德品质，尤其在当前改革开放和社会主义市场经济条件下，武德教育应紧密结合当前社会主义精神文明建设，赋予它鲜明的时代特征，寓武德教育于社会规范中，使学生进一步明确学习的目的和意义。通过“练武、习德”不断培养学生尊师重教、讲礼守信、见义勇为等高尚的道德情操；教育学生以弘扬民族文化、发扬民族传统体育项目为己任，为提高全民族的素质而努力学习。

（二）动作规范，注重实用

散打技法丰富，在实战中更是变化多端。但是无论多么复杂的动作，都是由最基本的技术动作组成的。散打技术是克敌制胜的有效方法，也是实战经验的总结。因此，在学习散打技术时要注重动作的规范性，严格动作运行路线、技术要领、发力特点、着力部位等，做到路线明、方法清、力点准、发力顺，一丝不苟。对错误动作和方法一定要不厌其烦地进行纠正，尤其对于初学者更要严格动作规范，否则一旦形成错误的动作定型就很难纠正。

“对抗搏击”是散打的本质特征。为此，教师在教学过程中必须从对抗性的特点出发，不仅注重动作的外在表现，而且要注重动作的实用性，使学生明确每一个技术动作在实战中的应用价值。在教学中，必须紧紧围绕实战的变化规律和特点进行教学，避免技术练习与实战运用脱节；学生练习时要引导他们仔细体会每一个技术动作在实战中的不同用法，以提高动作的实效性为主要目的。总之，强调实战的运用效果是检验动作规范的主要依据，也是要求技术规范的最终目标。

（三）以点带面，触类旁通

“不怕千招会，最怕一招熟”，这是武术技击中的一句谚语。意思是：学习技术不要只求多，更要求精，要有自己最熟练、最独特的“一绝”，才能给对手一种威胁，一种震撼。虽然散打的技术内容相当丰富，不同的技术方法在实战中有着不同的表现形式和功能，但在实战搏击中，如培养练习者的进攻、防守及反击的战术意识和应变能力，提高对时机、空间和距离的把握能力，培养克敌制胜的智力和心理品质等方面却是相同的。通过一些简单实用的方法进行练习和实战，不仅可以使练习者提高兴趣、集中注意力、降低心理压力，而且有利于重点技术的熟练和提高，有利于战术意识的形成，进而减少或避免伤害

事故。随着教学进度的不断深入，学习者在实战中运用技、战术的能力不断提高以后，再逐渐丰富攻防技术方法，以期达到全面掌握散打中踢、打、摔的技术内容。

“经点带面，触类旁通”的教学特点，其核心是在教学的初级阶段要抓基本、抓重点、抓规律、抓共性，举一反三，一通百通。切勿一开始就面面俱到，贪求快反而没了核心，没了重点。待学习者基础牢固了，深度有了，再从广度和数量上发展。

（四）双人配合，贵在和谐

散打是两人的对抗性项目，双人的配合练习是提高散打技、战术的有效途径，也是重要的练习形式之一。双人配合练习的形式多样：有攻防技术练习、打靶练习、“喂招”练习、条件实战等，配合练习要注意根据课的目的任务以及技、战术的具体要求有计划地安排。尤其值得注意的是，散打是以克敌制胜为主要目标，“攻、防”矛盾是散打的主要矛盾。因此，如何提高对方在进攻和防守中对技、战术的运用和应变能力是双人配合练习的主要意图。在平时的练习中，一定要教育学生树立“为对方服务”的良好品质，从对方的实际水平出发，无论是动作的速度、力度，还是动作变化的难易程度，都要以对方的最佳适应性为度，否则是难以收到最佳练习效果的。

二、 散打教学的注意事项

由于散打是运用踢、打、摔的方法全方位进行攻击的激烈对抗性项目，运动损伤时有发生。因此，尽量减少和杜绝伤害事故是散打教学课中的主要任务之一。教师要经常对学生进行安全教育，要严格课堂常规，要求学生严守课堂纪律。在练习时使学生明确练习的目的和任务、方法和要求。无论是教学的组织还是采用的练习形式和方法，都要落实安全措施，如认真检查场地器材；充分做好准备活动；在双人配合练习时，严格按照老师的要求进行，杜绝“求胜”和“怕吃亏”的心态；在条件实战或实战时，要合理安排配对的对手等等。

第三节　散打教学的阶段和步骤

一、散打教学阶段的划分

教学过程是学生在教师的组织和指导下，通过教学活动掌握知识、技术和技能的过程。由于散打的激烈对抗性，决定了散打教学必须从实战出发，使初学者在反复实践中掌握和提高技能。散打教学可分为三个阶段：

（一）初步建型阶段（泛化阶段）

这一阶段的主要任务是使学生对动作有初步的了解，取得感性认识，粗略地掌握动作。对一项新的技术内容，通过教师的示范、讲解等，先形成一个粗略的概念，并在教师的指导下进行练习，初步形成有关动作的表象。

在这一阶段，学生大脑皮质的联系处于泛化阶段，学生尚未形成完整的动作定型，动作表现紧张不协调，容易出现多余动作等。因此，教师在教学过程中不应过多地强调动作细节，应抓住动作的主要环节和学生要掌握动作中出现的主要问题进行教学。讲解要简练，示范要正确，要从不同部位、不同方向，让学生看清动作的起止路线、动作力点、击打的部位等，达到初步掌握动作的目的。

（二）配合运用阶段（分化阶段）

这一阶段的教学主要是使学生巩固正确的动作，提高动作的协调性和质量，并在教师的指导下，通过二人在有一定条件的限制下进行配合练习，不断提高对技术动作的运用能力，包括对时机、距离、空间的判断能力、应变能力等，逐步培养进攻、防守和反击的实战意识。

在不断的练习过程中，初学者对运动技能的内在规律有了初步的了解，一些不协调和多余的动作也逐渐消除。这时大脑皮质的条件联系由泛化进入了分化阶段，大部分错误动作得到纠正，能比较顺利地、连贯地完成动作，初步建立了正确的动作定型。但定型尚不巩固，遇到新异刺激，多余动作和错误动作可能重新出现。因此，教师在教学中应抓住学生存在的主要问题，反复强调、反复练习。对错误动作的纠正，可采用对照和综合分析的方法，适时进行“喂招”和“引招”的方法，帮助学生体会动作细节，促进分化抑制的进一步发展，使动作日趋准确，并结合技术分析，提高对动作技术的理性认识。

（三）实战提高阶段（巩固和自动化阶段）

通过进一步的反复练习，已经建立的条件反射不断巩固，建立了良好的动作定型，大脑皮质的兴奋和抑制在时间和空间上更加集中和精确。此时不仅动作准确、熟练，有较好的协调性、连贯性，而且随着运动技能的巩固和发展，暂时练习达到非常巩固的程度后，动作可出现自动化现象。这对于散打技能的提高是非常重要的。赛场是瞬息万变的，动作的自动化可使第二信号系统的活动摆脱第一信号系统的束缚，专注于战略、战术的变化，及时捕捉战机。

这一阶段主要是通过各种条件实战和实战的形式，进一步提高动作的稳定性和自动化程度，提高动作运用的实效性，以培养学生在各种条件下运用动作的应变能力。在教学中教师可根据不同的教学意图和目的，有针对性采用不同的个体配对实战，如按不同的体重级别、不同的技术状况进行配对，使学生尽快熟练技术并不断提高质量。

值得注意的是，在动力定型达到一定程度后，仍要继续强化练习，使动力定型更加巩固，否则巩固了的动力定型还会消退。在此过程中，教师应对学生提出更高层次的要求，加深理性认识，对动作要精益求精。

在散打教学中，运动技能的形成过程并不是截然分开的，而是逐渐过渡的，各过程的出现和持续时间的长短，受许多因素的影响，既与教学方法、训练水平有关，又与学生学习的积极性和目的性有密切关系。教师要善于在学生掌握动作技能形成的不同阶段，选择并采取有针对性的教法和练习手段，促使运动技能尽早形成。

二、散打教学的步骤

（一）学会动作

学生首先在教师的指导下初步学会动作，对动作的运行路线、发力顺序、击打力点等有一个感性认识。这时学生的条件反射刚刚建立，尚不巩固，教师在教学中不要过多强调动作细节，要抓住技术的关键，多运用示范讲解等方法帮助学生对技术动作有一个初步体会。

（二）强化体会技术及用力技巧

在初步掌握动作之后，教师要引导学生认真体会动作要领和用力技巧，消除多余动作，帮助学生不断改进动作细节，尽量避免动作的预兆，使动作做得更加协调、完整和准确，并通过反复练习，不断强调攻防意识，强化条件反射。

（三）配合运用

在初步建立正确的动力定型之后，为了达到进一步强化和巩固的目的，必须有针对性地进行两人配合练习，要根据不同的教学阶段和目的提出不同的条件限制，从单个技术到组合技术、从单一战术到复合战术的运用，包括用力的大小、速度的快慢等一定要适度，一定要符合对方的能力和水平，循序渐进。任何过高或过低的条件限制都不会达到最佳的教学效果。

（四）条件实战

在对动作有了一定理解和掌握后，可在一定的条件下限制进行两人的实战练习。条件实战要根据学生的实际情况和练习的目的选择相应的实战内容。在不同的条件下，培养学生对不同的技术、战术的理解和运用能力，培养对距离、时机、空间的精确感受和把握能力，培养在散打实战中特有的反应能力和应变能力，进而为完全过渡到实战打下良好的基础。

(五) 实　战

最后的一步是实战，实战是技术学习的最高阶段，也只有通过实战才能真正检验动作的质量和教学效果。实战可以不断锤炼对技术动作的把握程度和运用能力。在实战中，教师要引导学生学会自我分析和提高总结的能力，找出自己的不足，不断提高自己的实战技能。

第四节　散打的教学方法

散打的教学方法是散打教学过程中完成教学任务所采用的教学途径和手段。现代散打在教学方法上是力求激发学生学习的兴趣，自觉钻研的主动性与积极性，强调把教师的“教”与学生的“学”统一起来，既要发挥教师的主导作用，又要发挥学生的主体作用，同时还要根据教学任务、教材特点、学生实际等具体情况确定教法的运用，力求保证完成教学任务的质量。

一、讲解与示范法

(一) 讲解教学法

讲解时要通俗易懂，简明扼要，富有启发性，并要注意讲解的层次和时机。

1. 讲解的内容

(1) 动作名称

如接腿摔中的“抹脖摔”、抢腿摔中的“穿袖”等具有形象化名称的动作，要向学生讲清动作名称的深刻含义。

(2) 动作规格及运动规律

使学生明确动作的质量标准，所做动作应当正确、规范。使学生明确技术起止点及运行路线、运动轨迹等一些规律性的基本方法。如正蹬腿属于直线性腿法，由屈到伸，直来直去。

(3) 技击含义

讲解动作的攻防方法、着力点、打击部位以及击打时机等。

(4) 关键环节

学生掌握动作关键的能力如何，决定着能否较快正确的学会动作，因此这部分要着重讲解，如直拳要“送肩”，鞭腿要“转髋”等。

(5) 易犯错误

讲解动作易犯错误，可以防患于未然，即使出现错误，学生也能在教师的提醒下较快的意识到存在的错误，便于及时纠正。

2. 讲解的方法

(1) 形象化讲解

利用形象化比喻，如要求做侧踹腿时，小腿必须充分收回，这样踹腿的力度才会加大，可比喻成弹簧在压缩到最大限度时，所释放的弹力才会最大，使学生充分理解到大小腿充分折叠时，出腿的力度及速度的加大。

(2) 启发式讲解

可以围绕动作的要点先提问，或先做示范。让学生自己分析动作要领，启发学生的思维，最后做归纳性讲解，使学生理解得更加深刻。

(3) 口诀化讲解

为使语言简明易记，可以把所讲内容口诀化。如讲后直拳时，可以归纳为“蹬地、转腰、送肩、力达拳面”。

(二) 示范教学法

这是学生通过视觉接受技术最生动具体的教学方法，是教师以准确的动作为范例，使学生通过直接观察了解动作的形象、结构、用力方法等。可以提高学生的学习兴趣，激发学生学习的自觉积极性。

1. 示范的方法

(1) 常速示范

对学生所学动作进行正确的常规速度的示范，使学生大脑中建立动作的最初印象。

(2) 慢速示范

为了便于学生认真、全面的了解动作，需放慢速度进行示范，比如完成动作过程中的运行路线、运动轨迹、关键环节等都要放慢速度。

(3) 分解与完整示范

为了便于学生掌握动作，对于一些技术过于复杂、细节较多的动作，可把动作分成上肢动作、下肢动作或左右侧动作，待局部动作掌握以后再连贯完整进行。教学时一般采用完整——分解——完整的步骤进行。如教“接腿抹脖勾踢摔”时，可先做完整的动作示范，给学生一个完整的动作概念，然后分解成接腿、进步、抹脖、勾踢这三个环节分别教学，使学生能够看清和学会动作细节，最后再通过完整的教学使动作一气呵成。

2. 示范位置的选择

(1) 讲解时的示范位置

教师可站在横队的排头、排尾连线所构成的等腰三角形的顶点进行示范（如下图）。

▼

* * * * * * * *

* * * * * * * *

教师还可以站在相向而立的二列横队之间的空地进行示范（如下图）。

```
* * * * * * * * *
        ▶
* * * * * * * * *
```

另外，也可以让学生站成半圆形或马鞍形，教师在中间示范（如下图）。

```
            *   *
      *   *       *   *
   *   *             *   *
*   *         ▲         *   *
```

（2）领做的示范位置

可根据动作的运动方向站在队伍的正前方、左侧或右侧。

二、练习法

（一）空　练

是指学生在初学基本动作时，所采用的集体或个人练习的方法。集体练习时，学生排成几列横队，通过教师统一口令的指挥，学生进行集体练习；个人练习是学生自己单独进行的练习，通过意想假设敌，假想诱惑对手进攻，从而采用进攻或防守，在对空搏斗中培养学生的思维意识，提高动作的速度及准确性。

（二）配对练习

这是熟练掌握动作的重要环节。两人通过攻防、“喂招”等方法进行练习，一般可分为几个步骤来进行：首先，在教师的统一口令下，集体（配对）练习动作。开始时，两人可保持一定的距离，在教师的统一口令下，一方做“进攻”动作，另一方做不接触式的防守，然后在一定的时间及次数后，交换动作，以便使

学生双方都能体会到不同性质的技术动作要领。当学生能够正确地掌握实战动作之后，可以进行两人保持一定距离的不接触式的假想实战，按照教师教给的各种手段练习，使学生有可能避免最普遍的最基本的错误动作，一般可规定 5 分钟左右交换一次攻守，练习时间的长短取决于动作的复杂程度。练习时谁进攻谁防守要明确，但要求学生在接近真正实战的条件下进行，并且对动作的速度、幅度、方向都要提出明确要求，最能使学生认真练习和完善掌握实战时所需的技术动作。可规定只需使用某种技术的两人相互攻守练习，或规定一方主动进攻，另一方只能防守反击等。

三、预防和纠错的方法

学生在学习和掌握动作的过程中会出现各种错误，教师善于及时发现和纠正学生的错误，一般预防错误和纠正错误的方法有以下几种：

（一）集中练习法

容易出现错误的关键部分的局部动作，按照动作规格反复进行练习，使学生熟练掌握之后，再进行完整的练习，这种方法一般是在未出现错误动作或错误动作未定型时采用。

（二）分解教学法

把出现错误的动作按动作要领将其分解成若干部分，然后逐个纠正，反复练习，再把动作连贯起来进行练习。

（三）强制措施法

对学生经常出现的习惯性的错误动作，比如，基本姿势的后手过低，头部易暴露给对手，教师就有意识的击打他的头部，使其在实战中意识到它的重要性，从而强制其改进技术动作。

(四) 对比求异法

通过正确动作与错误动作的比较，从中发现问题，找出差异，从而帮助其纠正错误，改进技术。

第五节 散打教学课的任务与结构

一、教学课的任务

教学课的任务是由本课程的教学进度所决定的。课的任务的提出，要符合体育教学的一般规律和散打技能形成的特点，要针对学生的基础和能力，切实可行。如果任务要求过高，学生容易失去信心，甚至形成空话；任务要求过低，则不能激发学生的积极性，达不到应有的教学效果。

二、教学课的结构

教学课的结构是指组成一堂课的几个部分，以及各个部分的教学内容、组织教法、时间与量的安排等。根据人体机能活动变化的规律，一堂散打教学课一般可分为准备、基本、结束三部分 (也有把准备部分细分为开始部分和准备部分的)，各个部分都有各自的主要任务、内容、组织教法与形式。

(一) 准备部分

准备部分的开始一般是点名、检查学生的出勤情况、宣布本课的教学任务和要求等。

准备活动的内容可分为一般准备活动和专门性准备活动。一般性准备活动通

常是走跑练习、徒手体操（或武术操）以及活动量较小的一般性游戏练习，使全身各主要肌肉群、关节、韧带等部位都得到充分活动；专门性准备活动主要采用与基本部分的内容相类似的练习，或者安排一些散打中起基础性作用的基本功、基本动作进行练习，使身体各肌肉群、关节、韧带、器官以及各主要系统的机能做好充分准备。

准备活动的组织方法，一般采用集体练习的形式，亦可分排、分组或个人分散进行。队列、队形可根据具体情况灵活变化。活动的内容应由静到动，由小到大，由简单到复杂，由局部到全部，使身体有一个逐渐适应的过程。准备活动的时间一般占全课的20%~30%。

（二）基本部分

基本部分是整个教学课的重点，也是能否完成教学任务的关键。安排的时间一般占60%~70%。

基本部分的内容首先要考虑安排的顺序问题。一般来说，重点的教学和复习内容应安排在身体充分活动以后，身体机能正处于最佳状态时进行。学生此时的精力集中，体力充沛，能确保达到最佳的教学效果。为了保证练习的数量和运动负荷，采用的练习形式是至关重要的。如集体练习，可以增加练习次数；分排练习，既可保证适宜的运动负荷，又能互相观摩学习。基本部分的组织教法，要以充分发挥教师的主导作用为主，注重调动学生的积极性，注重培养学生的组织能力、分析问题和解决问题的能力，做到教学相长、取长补短。

（三）结束部分

结束部分是有组织地结束教学活动，使学生逐渐地恢复到相对安静状态的过程。

结束部分的内容应根据本课的性质选择一些逐步降低运动负荷的练习，如徒手的放松练习、比较缓和的活动性游戏、一些恢复性的整理练习等。教师要进行总结和讲评本课的教学任务完成情况以及学生遵守课堂纪律的情况等。有时也可布置课外作业以及预告下次课的内容等。

三、教案示例

课的名称：散打教学课

第×周　第×次课　　　　教师：　　　年　月　日

<table>
<tr><td colspan="4">课的任务：1. 复习巩固散打的基本拳法，重点要求组合拳法的连贯性和击打节奏
2. 学习并初步掌握前侧踹腿的基本技术
3. 发扬顽强拼搏的精神，培养互助互爱的良好作风</td></tr>
<tr><td>课的部分</td><td>课的内容及分量</td><td>时间</td><td>教学组织与方法</td></tr>
<tr><td rowspan="3">准备部分</td><td>一、课前组织
（一）整队集合，检查人数和服装，师生互相问好
（二）宣布本节课的任务，并安排见习生的见习内容</td><td>2分钟</td><td>一、队形
× × × × × × × ×
× × × × × × × ×
▲</td></tr>
<tr><td>二、游戏：改换目标（贴膏药）
游戏规则
1. 让学生围成一个圆圈，选一人为追者，另一人为逃者
2. 追者追逃者，追到则互相交换
3. 逃者可在圆圈上任何人前站立，这时其身后的人或身后的最后一个人就成为逃者
4. 根据学生的实际人数，圆圈上可前后站立二人或三人，并选择两位学生进行追逃</td><td>8分钟</td><td>二、组织形式
（一）队形
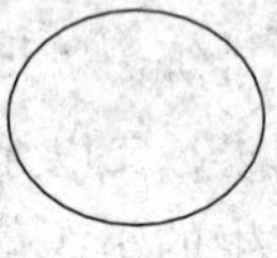
（二）练习要求
集中注意力，判断要快，并迅速做出反应，30 秒内要换人或交换角色</td></tr>
<tr><td>三、关节的一般性活动
（一）头部环绕运动（2×8）
（二）肩、胸运动
1. 扩胸运动（2×8）
2. 振臂运动（2×8）
（三）膝胯关节活动
1. 膝关节绕环运动（2×8）
2. 弓步压腿（2×8）
3. 仆步压腿（2×8）
4. 前俯腰压腿（2×8）
5. 原地交叉步练习（2×8）</td><td>5分钟</td><td>三、组织形式及教法
（一）队形
× × × ×
× × × ×
▲
（二）教学方法
镜面示范法：教师统一口令并领做</td></tr>
</table>

（续表）

课的任务：1. 复习巩固散打的基本拳法，重点要求组合拳法的连贯性和击打节奏 2. 学习并初步掌握前侧踹腿的基本技术 3. 发扬顽强拼搏的精神，培养互助互爱的良好作风			
课的部分	课的内容及分量	时间	教学组织与方法
准备部分	（四）腰部练习 1. 涮腰练习（2×8） 2. 转腰练习（2×8） 3. 前俯后仰（2×8） （五）踝腕关节活动（2×8） 四、专项准备活动 （一）步法练习 1. 练习散打的基本步法 2. 根据信号做步法的快速移动练习 （二）基本腿法练习 1. 正踢腿（×2） 2. 侧踢腿（×2） 3. 里合腿（×2） 4. 外摆腿（×2）	10分钟	四、组织形式 （一）组织形式 × × × × × × × × ▲ （二）组织形式（纵队行进间练习） ×××× ×××× ——→ ▲ （三）教学方法 口令指挥、提示
基本部分	一、复习提高散打的基本拳法 围绕冲、贯、抄等基本拳法的空击练习，以组合拳为主 要求：必须结合步法，注重动作规范和发力要点 总量：150拳左右 二、学习前侧踹腿的基本动作 （一）学习前侧踹腿分解动作 1. 屈膝上提 要点：左腿迅速屈膝提起，同时小腿微向外、向上翻起，膝微内扣，大小腿尽量折叠 2. 踹击 要点：腿部由屈到伸迅速向左侧快速直线踹出，伸髋顶膝，力达脚底 3. 回收 要点：屈膝，小腿迅速回收落地，即刻恢复预备姿势	10分钟 20分钟	一、组织形式及教法 组织形式： 面对镜子进行统一的个人练习 教学方法： 1. 及时发现练习中存在的个性问题并及时纠正 2. 寻找优秀者进行示范，有目的地讲解 二、组织形式及教法 （一）组织形式 × × × × × × × × ▲ 教学方法 1. 讲解法：讲解动作路线、动作要领及发力顺序等 2. 示范法：采用慢速和正常速度的示范 3. 分解教学法：将侧踹腿动作分为

（续表）

课的任务：1. 复习巩固散打的基本拳法，重点要求组合拳法的连贯性和击打节奏 2. 学习并初步掌握前侧踹腿的基本技术 3. 发扬顽强拼搏的精神，培养互助互爱的良好作风			
课的部分	课的内容及分量	时间	教学组织与方法
基本部分	（二）学习侧踹腿完整动作 1. 完整进行侧踹腿练习 （1）原地模仿完整技术的练习，速度可由慢到快，亦可扶着肋木练习 （2）结合步法的完整技术动作练习 2. 慢速练习时要认真体会发力顺序，动作要连贯，发力要顺达 总量：30~40 次	10分钟	屈膝上提、踹击和回收三个阶段 （二）组织形式 × × × × × × × × ▲ 教学方法 1. 讲解法：讲解动作的节奏和发力要点等 2. 示范法：采用慢速和正常速度的示范 3. 完整教学法：完整地进行侧踹腿教学 4. 预防和纠正错误法：对于学生易出现的错误提前进行讲解，出现后及时纠正
	三、打靶练习 二人一组，结合冲、贯、抄拳法进行打靶练习 要点 （1）注重动作的连贯性 （2）体会发力要点 （3）处理好击打的节奏 总量：3 分钟 × 2 组（组间休息调整 1 分钟）		三、组织形式及教法 组织形式：两人一组集体进行练习 教法 1. 抓共性，统一进行讲解和纠正 2. 抓个性，单独予以纠正 3. 抓能力培养，有目的地找出演练者，让学生发现问题并予以纠正
	四、拳法条件实战 条件限制 1. 一方主动进攻，另一方防守反击 2. 双方都可以用各种拳法，包括单击或组合，但要灵活运用 3. 进攻一方要处理好进攻节奏，只要对方有反击，就可以再次进攻 总量：毛时 3 分钟 × 2 组（组间休息 1 分钟）	15分钟	四、组织形式及教法 组织形式：两人配对，全班分成两组轮流交替上场练习 教法 1. 一、二组之间负责互相观摩交流并予以帮助 2. 进行两组之后，同学之间进行讲评 3. 实战结束时教师作重点讲评

（续表）

<table>
<tr><td colspan="4">课的任务：1. 复习巩固散打的基本拳法，重点要求组合拳法的连贯性和击打节奏
2. 学习并初步掌握前侧踹腿的基本技术
3. 发扬顽强拼搏的精神，培养互助互爱的良好作风</td></tr>
<tr><td>课的部分</td><td>课的内容及分量</td><td>时间</td><td>教学组织与方法</td></tr>
<tr><td>结束部分</td><td>一、放松练习
（一）放松手段
1. 揉捏按摩上肢
2. 甩臂
3. 仰卧抖腿
（二）练习时要求思想放松，排除杂念
二、小结讲评
（一）任务完成情况
（二）练习中存在的问题和要求
（三）布置课后任务</td><td></td><td>一、组织形式
1. 两人一组进行揉捏按摩和甩臂练习
2. 分散进行仰卧抖腿和仰卧放松练习
二、队形
×　×　×　×
×　×　×　×
▲</td></tr>
</table>

第四章　散打技术及其教学

第一节　实战姿势

实战姿势，就是进入对抗前的准备姿势。它的好坏直接影响到进攻与防守的有效程度，因此初学者必须掌握好规范的实战姿势，以便于为进一步学习散打基本技术打好坚实的基础。

一、动作要领（以左架为例，以下均同）

（一）侧身，两脚前后自然开立，为了便于学习可在地上画一大十字（图 1）。

左脚落在十字两线交点向左下角引出的一条 45°的连线上，前脚掌着地，脚尖内扣约 45°；右脚在后，距左脚略比肩宽的距离，前脚掌着地，脚尖指向前方，两膝微屈，两脚前后不能站在一条直线上，左右相距 10~15 厘米。重心放在两腿中间。

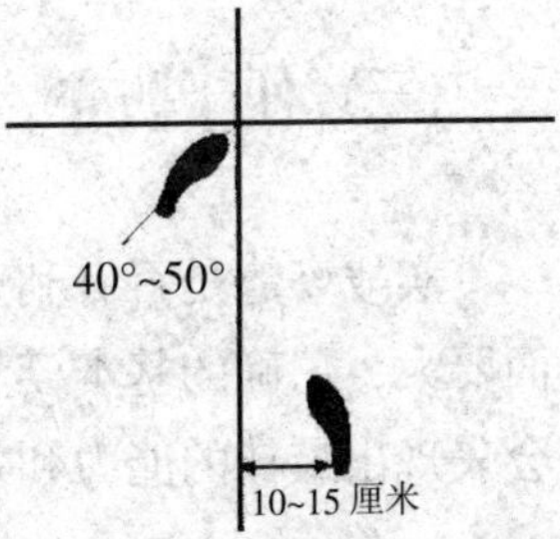

图 1

（二）两手握拳，屈肘置于胸前，左臂在前，屈肘角度为 120°左右，肘尖下垂，左拳心朝斜下方，高与下颌平，右手在后，屈肘角度一般应小于 90°，右拳心朝内放在右下颌处。用以保护头部，肘尖自然下垂以保护肋部。

（三）上体微微含胸，收腹，张背，头部略低，收下颌，眼睛通过左拳平视前方（图 2）。

图 2

二、基本要求

(一) 便于步法移动

实战中，运动员要不断地根据双方的攻防技术的特点和要求，在不同的时机、距离、条件下迅速地转移步法和变换姿势，这就要求基本姿势的重心放在两腿之间，不论做前后左右的移动都是等长距离，身体始终处于待发状态，以增加移动的灵活性和启动的突然性。

(二) 便于运用进攻方法

实战时，运动员必须准确的把握时机，而时机的把握除要靠运动员的反应、技术的运用外，还应有一个正确的基本姿势，主要体现在使用技术时能把身体迅速调整到适于进攻的状态，从而达到使用进攻动作时突然、快速、有力的目的。

(三) 便于防守

实战姿势是否有利于防守，首先是身体暴露给对方的面积要小，其次是防守面要大，正确的基本姿势能够有效地保护好自身所需防守的各个部位，在防守时会表现出最佳的能力和效果，并能及时处理由守转攻的过渡关系。

第二节　手型、步型与步法

一、手　型

拳

五指内屈握紧，拇指第一指骨压在食指和中指的第二指骨上，拳心朝下为平拳；拳眼朝上为立拳（图 3、图 4）。

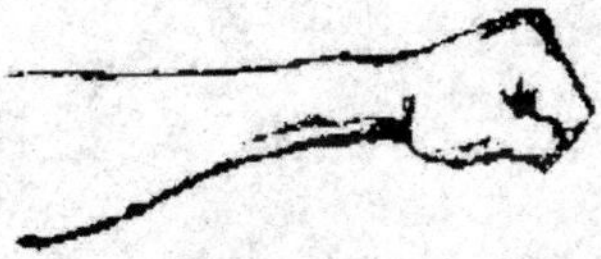

图 3

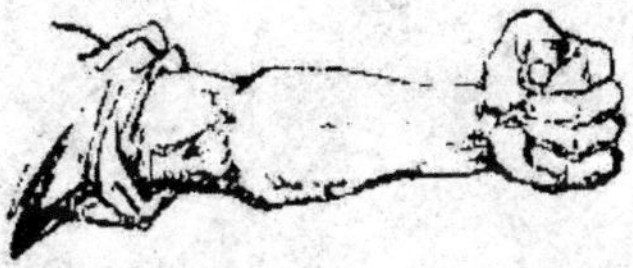

图 4

要点：拳心握实，拳面要平，手腕要直。

二、步　型

1. 开立步

两脚前后开立，略比肩宽，两脚尖内扣，两膝微屈，重心在两腿之间（图 5）。

要点：站立时两脚拇指用力踩地，两脚跟微微离地。

图 5

2. 弓步

两脚前后开立约三脚半长，前腿屈膝半蹲，后腿伸直，脚跟微离地，脚尖内扣，重心在两腿之间（图 6）。

要点：前后脚要分别向前下方和后下方用力踩地，步宽因人而异，但不可太宽而使移动不灵活。

图 6

3. 高虚步

两脚前后站立，两膝微屈，前脚脚尖虚点地面，重心落于后腿（图 7）。

图 7

要点：前虚后实，两膝不可弯曲过大。

4. 独立步

一腿屈膝提起，另一腿伸直支撑体重（图 8）。

图 8

要点：支撑腿膝盖不可用力绷直，五趾抓地站稳。

5. 丁步

两膝微屈，两脚一虚一实并步站立，虚腿脚跟微离地（图 9）。

图 9

要点：虚腿不可支撑重心，左右前后移动灵便。

6. 马步

两脚左右开步屈膝半蹲，步距宽于肩，两脚尖朝前，重心落于两腿之间（图 10）。

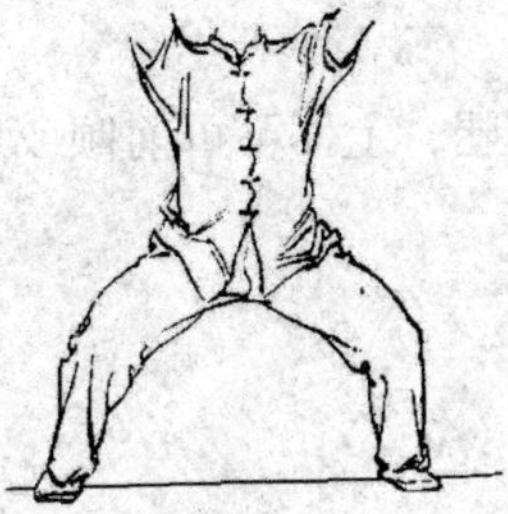

图 10

要点：步距不可太宽，以移动灵活为准。

7. 半马步

基本同马步，唯一脚尖外展，重心略偏于另一腿（图 11）。

要点：同“马步”。

图 11

8. 仆步

一腿屈膝全蹲，另一腿伸直平铺地面，脚尖内扣（图 12）。

图 12

要点：重心基本落在全蹲腿，上体不可前倾或后仰。

三、步　法

（一）基本步法

步法在散手实战中是十分重要的。为了完成和实现攻与防的行动，有效地运用各种拳法、腿法、摔法、拿法等技术，必须通过灵活的步法调整和寻找与对方的最佳距离，实战位置以及进攻角度。随时把握攻击时机，使自己处于最佳位置。步法移动的同时要注意重心稳定与平衡。并且与拳、腿、摔等技法协调配合。

经常练习步法可以提高下肢的协调、灵活和力量等素质。

（1）进步

动作要领：（左势为例）左脚提起向前进一步，同时右脚蹬地向前擦地跟进，脚前掌着地，上体不动，保持平衡，成实战姿势，眼向前平视。（图 13）

要点：身体重心平稳，移动迅速，前后脚保持适当距离。

（2）退步

动作要领：（左势为例）右脚提起向后退一步，左脚蹬地迅速向后擦地后退，脚前掌先着地。身体保持平衡稳定，两脚保持原实战姿势和距离。成实战姿势，眼视前方。（图 14）

图 13

图 14

要点：同进步。

（3）疾步（垫步）

动作要领：（左势为例）右脚向前上步，全脚掌踏于左脚内侧，同时左脚抬起向前上步。左脚落地，右脚跟步，身体保持平衡稳定，成实战姿势，眼视前方。（图 15）

要点：垫步时要迅速，重心要稳定，两脚均不可离地过高。步子大小，根据对方情况而定。

图 15

(4) 前(后)跳步

动作要领:(左势为例)前(后)跳步的动作过程基本同进步、退步,只是在移动中有腾空,前进退后的距离较大。(图16)

图16

要点:跳动时脚离地面越低越好,前跳上体保持正直,后跳上体可以做后仰和摆动,但注意保持平衡。

(5) 左闪步

动作要领:(左势为例)左脚向左侧横跨一小步,同时右脚蹬地向左擦地跟进,脚前掌着地,上体保持平衡,成实战姿势,眼视前方。(图17)

图17

要点:移动迅速,保持重心稳定,后脚跟进不能太大,避免两脚在一条直线上。

(6) 右闪步

动作要领:(左势为例)左脚向右侧横跨一小步,右脚蹬地向右擦地跟滑前脚掌着地。上体保持平衡,成实战姿势,眼视前方。(图18)

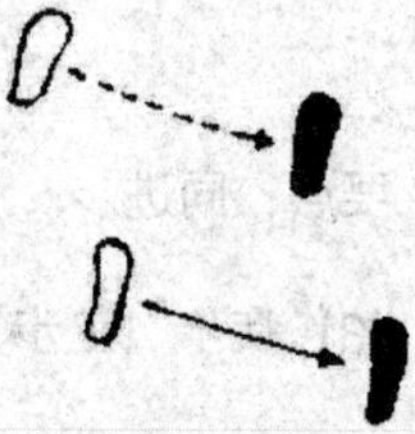

图18

要点:同左闪步。

(7) 右(左)跨步(闪骗步、三角步)

动作要领:(左势为例)右脚向右前方与左脚平行处上一步,上体向左转体,右肩侧对前方,右臂前伸,左臂后拉并屈肘,左脚蹬地,向右后方弧形滑摆,落于右脚后侧方,成右势实战姿势,依照上述要领,反向做左跨步练习,移动位置呈"三角形"。(图19)

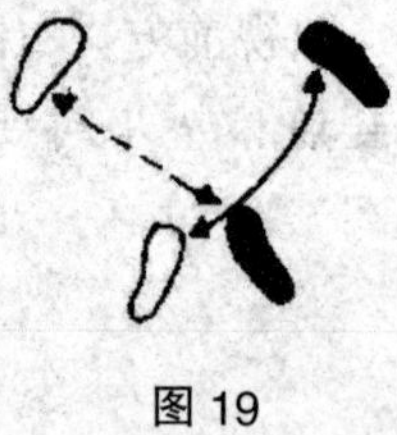

图19

要点:移动时上步滑摆要与上体协调配合,两脚要始终保持适当距离,两脚方向平行。

(8) 前交叉步（盖步）

动作要领：（左势为例）右脚提起贴地，从左腿前向前方迈步，落于左脚前方，两腿交叉，左腿经右腿后向前迈步，仍成实战姿势。后退盖步同前进盖步要领。唯左右方向相反。（图 20）

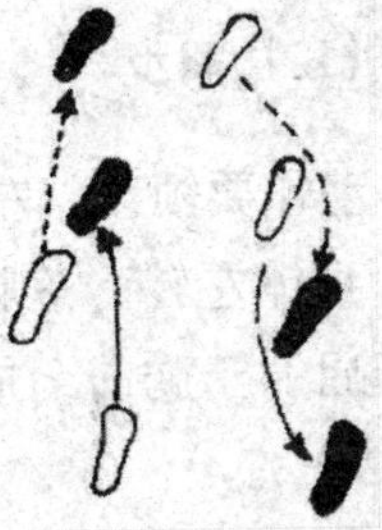

图 20

要点：上步时身体扭转要协调，保持身体平衡，两脚移动要迅速，均不可离地太高。

(9) 后交叉步（偷步）

动作要领：（左势为例）右脚提起贴地，从左腿后前方插上一步，上体微向右侧倒，重心前移至右腿，两腿交叉，左腿经右腿前向前迈步，成实战姿势，眼视前方。唯左右方向相反。（图 21）

图 21

要点：同前交叉步。但要注意快速、隐蔽。

(10) 绕环步

动作要领：（左势为例）左脚经右脚前向右前方弧形上步，脚尖稍外展，以左脚为轴身体左转，右腿随身体弧形绕步，落于左脚后侧成实战姿势，眼视前方。（图 22）

图 22

要点：弧形绕步时拧腰与斜身相随，步法轻灵快速，保持身体重心平衡。

(11) 进退反弹步

动作要领：前进时采用跳进步动作，然后突然及时牢固的停住，停住瞬间两脚同时用力蹬地，快速反弹，重心后移，撤回一小步，上体始终保持实战姿势，眼视前方。（图 23）

图 23

要点：停顿牢固，迅速蹬地反弹，回撤快速灵活，身步协调一致。

(12) 撤步

动作要领：（左势为例）左脚蹬地向后撤步，身体左转，落脚于右腿侧后，右臂前伸，左臂屈肘于胸前，成右实战姿势，眼视前方。(图 24)

图 24

要点：撤步时身体转动，手臂变化要协调，动作要轻巧。

(二) 散打步法的技术要求

拳谚说得好，“练拳容易起步难”，“步不稳则拳乱”，“步不快则拳慢”。灵活而敏捷的步法，不仅是调整重心和维持身体平衡的关键，更主要的它还是进攻和防守中占据有利位置和发挥最优攻势的基础。步法的快慢，移动距离的大小，直接影响着攻防的效果，因此步法的技术掌握学习及练习尤为重要。

(1) 步法要活

这是指步法的移动和更换要灵活敏捷。运动时灵活多变，轻松自如，虚实更换，让对手摸不清自己重心更换的规律，给对手造成判断上的困难。步法要活，腿部力量是基础，膝关节和踝关节的弹性要好。预备姿势站立时，两脚之间的距离不可太宽或太窄，身体重心不宜过低。实战中，两脚要始终处于运动中，避免静止不动。

(2) 步法要快

这是指步法移动的速度，“手到脚不到，破敌不得窍”。运动员双方在交战时都处于对峙的状态之中，互相保持一定的距离，任何一方要发动进攻，就必须以快速的步法逼进对方，在有效的距离内施以方法，这样进攻才能奏效。同样，当对方进攻或反击时，还要能够以迅速的步法撤出。回撤或躲闪，这样防守才能成功。

(3) 步法要稳

这是指步法移动的稳定性。拳谚说“步不稳则拳乱”，“拳如流星，步赛

粘”，都充分表明了实战中步法稳定性的重要意义。然而，在实战过程当中，难免出现单腿支撑，重心前压或后座的身体状态。如何才能使步法稳呢？首先，在步法移动时，尽量避免两腿处于交叉状态，尽可能使身体处于力学的稳定状态；其次，在使用动作时，重心向下的垂直投影尽可能放在两腿中间，或不要超出支撑面过多。例如：有些运动员打拳时用力过猛，致使重心过度前移，如对方此时攻击，前腿则容易产生失衡。另外，有的运动员在使用腿法时过分追求高度而造成支撑脚站立不稳，如对方使用掀、托等法时便会倒地，这些都是步法不稳的表现。

(4) 步法要准

这是指步法移动的准确性。准确地移动步法，能为进攻、防守或防守反击赢得时间和创造有利时机，减少动作的盲目性。进攻时步法移动不到位，则不能产生最佳效果，同时还影响二次进攻和积极回防；防守时步法的移动不到位，则会导致被击中或不利于反击。把握步法移动的准确性，主要取决于运动员的时空感觉能力，这种能力的获得有赖于长期的训练实践和不断的摸索总结。

(三) 步法的训练

步法是散手技术中的重要内容。实战时，双方都保持着一定的距离，只有通过步法的移动才能抢占有利的位置，发动进攻或转换防守，距离不合适，有效的进攻和防守就是一句空话。武术谚语说：“步慢则拳（脚）慢，手到步到方之为妙。”又说：“练拳容易起步难。”说明了步法在散手训练中的作用。步法的总体要求是“疾、准、活”。“疾”是指步法移动要迅速；“准”是指移动的步幅要准确；“活”是指步法移动要灵活多变，不僵不滞，富有弹性。步法训练的方法很多，主要有：

1. 单兵练习

每学完一种步法后，个人必须通过自己的反复练习，反复揣摩，体会要领，巩固技术。开始可专门练习一种，待技术熟练以后，可把几种步法组合练习，如进步和退步、垫步接单跳步、跳闪步中突进转突退或突退转突进等，以适应实践中的各种变化。

2. 结合信号练习

教师或同伴可以运用掌心、掌背的朝向或手指的数量，或规定的某一个动作等为信号，要求练习者根据信号做出相应的步法，既巩固了步法，又提高了反应能力。

3. 两人配合练习

两人一组，面对面保持一定的距离，分主动与被动进行练习。主动一方随意做各种步法；被动一方要根据对方的变化而变化，如一方进步，另一方则退步；一方左闪；另一方也左闪；一方垫步，另一方则收步等，双方的距离应尽量保持不变。这种练习方法除提高练习者的反应能力外，更主要的是提高步法移动的准确性，即距离感。

4. 结合攻防动作练习

步法移动的目的是为了更加有效地进攻或防守反击。因此，结合攻防动作进行步法练习，是提高步法移动实效性的主要方法，也是提高上下配合、整体协调的重要手段。同一个击冲拳，可以结合进步、退步或左右闪步等进行练习，以便适应比赛的各种战况。

5. 实战中练习

实战是运用和提高各种技术的有效方法。步法移动的时间、速度、幅度可以通过实战检验效果，也从中发现不足，为改进技术提供依据。

第三节　拳法技术

一、冲　拳

1. 左冲拳

预备势为正架势，即左脚、左手在前（以下均同），右脚微蹬地面，重心微向前脚移动；同时左拳直线向前冲出，力达拳面。（图 25）

图 25

要点：

(1) 冲拳时，上体不可前倾，腰略向右转。

(2) 拳面领先，上臂催前臂，臂微内旋，肘微屈。

(3) 快出快收，切勿停顿，迅速还原成预备势。

易犯错误及纠正方法：

(1) 撩拳。由于冲拳前肘先于拳而动，形成拳往下撩的错误。纠正时强调以拳领先，勿先动肘；或同伴帮助以一手拉拳，一手按肘，慢慢体会要领。

(2) 只动前臂。冲拳时以肘关节为轴，不是以肩催臂，而只是前臂屈伸。纠正时强调肩先起动，催肘送拳。

用法：

左冲拳是一种直线进攻型动作，特点是距离对手较近，易发动，预兆小，灵活性强，但相对力度较小。可以结合身体高、低姿势，或左右闪躲击打对方腰部以上任何部位。即可主动进攻，又能防守反击，而更多是以假乱真，虚招引诱对手，为接用其他方法“探路”，是进攻技术中最常见和最主要的动作之一。

例 (1) 进攻对手的中、上盘（上盘：胸部以上；中盘：腰部以上，胸部以下；下盘：腰部以下。以下均同）。（图 26、图 27）

双方在对峙的状态下，突然快速的进步和上步，以左冲拳攻击对方。

图 26

图 27

例（2）当对手向前追击时，突然向左侧闪躲反击其头部。（图 28）

例（3）当对手左掼拳击上盘时，右手挂挡，同时用左冲拳反击其胸或头部。（图 29）

图 28

图 29

例（4）当对手左冲拳攻击上盘时，迅速俯身向下躲闪，同时以左冲拳反击其腹部。（图 30）

例（5）当对手左掼拳向上盘进攻时，右手外挂防守，同时以左冲拳反击其胸部。（图 31）

图 30

图 31

例（6）当对手右掼拳攻击上盘，俯身下躲，同时以左冲拳反击其腹部。（图 32）

例（7）当对手拟用左蹬腿进攻，屈膝提起时，迅速抢步进身，同时以左冲拳反击对手头、胸部，后发先至。（图 33）

图 32

图 33

例（8）当对手进步欲俯身抱摔时，左冲拳反击其头部。（图 34）

例（9）当左腿被对手抱住欲使用摔法时，迅速前移身体重心，并以左冲拳反击对手头部。（图 35）

图 34

图 35

例（10）当对手进步左勾拳进攻腹部时，右手掩肘防守后，左冲拳反击对手的头部。（图 36、图 37）

图 36

图 37

2. 右冲拳

预备势开始，右脚微蹬地并向内扣转，转腰送肩的同时，右拳直线向前冲出，力达拳面；左拳变掌回收至右肩内侧。（图 38）

图 38

要点：

(1) 右冲拳的发力顺序是起于右脚，传送到腰、肩、肘，最后达于拳面。

(2) 上体向左转动（头不转），以加大冲拳力量。

(3) 还原时以腰带肘，主动回收。

易犯错误及纠正方法：

(1) 上体过于前倾。冲拳时，上体向前移动过多，腰没有向左拧转。纠正时，多体会腰绕纵轴方向拧转的要领，克服向前俯身的毛病。

(2) 翻肘撩拳。冲拳时前臂、肘关节先动并外翻，形成撩拳错误。纠正时，由教练员或同伴帮助，或面对镜子，做慢动作练习。

(3) 后引拉拳，预兆明显。这是学习拳法的常见错误。纠正时，面对镜子或同伴监督，用慢速放松练习，以体会出拳路线。

用法：

右冲拳是主要的进攻动作之一。它的特点是攻击距离长，能充分利用蹬腿转腰的力量加大冲拳的力度。运用得好具有较强的威胁力。

例（1）在双方对峙状态下，突然以快速的步法逼近对方，同时右冲拳抢攻其中、上盘部位。（图 39）

例（2）当对手左冲拳攻击上盘时，俯身下躲，同时右冲拳反击其中盘。（图 40）

图 39

图 40

例（3）当对手左掼拳向头部攻击时，俯身下躲，同时右冲拳反击其中盘。（图 41）

例（4）当对手右冲拳进攻上盘时，向左侧闪躲，同时右冲拳反击其腹部。（图 42）

图 41

图 42

例（5）当对手右冲拳进攻中盘时，先以左手拍压其拳，继而右冲拳反击其头部。（图 43、图 44）

例（6）当对手右掼拳攻击上盘时，左手挂挡防守，同时右冲拳反击其躯干

或头部。（图 45）

图 43

图 44

图 45

例（7）当对手以右横踢腿向下盘进攻时，左手外挂防守，随即进步右冲拳反击其上盘。（图 46、图 47）

例（8）当对手右横踢腿向上盘进攻时，左手挂挡防守后，以右冲拳反击其上盘。（图 48、图 49）

图 46

图 47

图 48

图 49

二、摆　拳

1. 左摆拳

上体微向右转，同时左拳向外（约 45°）、向前、向里横摆，臂微屈，拳心朝下，力达拳面或偏于拳眼侧；右拳护于右腮。

要点：

⑴ 力从腰发，腰绕纵轴向右转动。

⑵ 掼拳发力时，臂微屈，肘尖抬至肩平。

易犯错误及纠正方法：

⑴ 掼拳幅度过大。纠正时，面对镜子或同伴帮助，消除只想用力的心理，严格体会掼拳的运行路线，待动作基本定型后再加大动作力量。

⑵ 翻肘过早，出现甩拳。纠正时，请同伴帮助，一手拉拳，一手按肘，克服翻肘的错误。

⑶ 向前探身。纠正时，多体会向右转腰发力的要领，或同伴帮助控制身体前探。

用法：

左掼拳是一种横向型进攻动作，可以结合身体姿势的高、低变化击打对方的侧面。上盘可击太阳穴；中盘可击腰肋部位。

例⑴ 双方对峙时，突然向左闪步，左掼拳抢攻对手头部右侧。（图50）

例⑵ 双方对峙时，突然向前进步，俯身，左掼拳抢攻。（图51）

图50

图51

例⑶ 对手左冲进攻上盘，向左闪的同时，左掼拳反击。（图52）

例⑷ 对手右掼拳向上盘进攻，俯身下躲闪后左掼拳反击。（图53、图54）

图 52

图 53

图 54

例（5）对手左抄拳向胸、腹部进攻；左掩肘防守后以右掼拳反击其头部。（图 55、图 56）

例（6）对手左横踢腿向中盘进攻；右手外截防守后急速进步，同时以右掼拳反击其头部。（图 57、图 58）

图 55

图 56

图 57

图 58

2. 右摆拳

预备势开始，右脚微蹬地并向内扣转，合胯并向左转腰，同时右拳向外（约 45°）、向前、向里横摆，力达拳面或偏于拳眼侧；左拳变掌屈臂回收至左腮前。（图 59）

要点：

（1）右脚内扣，合胯转腰与摆拳发力要协调一致。

（2）摆拳发力时，肘尖微抬，使肩、肘、腕基本成水平。

图 59

易犯错误及纠正方法：参考“左掼拳”。

用法：

右掼拳也是一种横线型进攻动作。它的特点是能充分借助右脚蹬地转腰的力量，力度较大。但因其进攻路线长，动作幅度宜小不宜大。此拳法多用于连击或防守后反击。

例（1）双方对峙时，俯身以左拳虚晃，佯攻其腹部，继而起身右掼拳攻其头部。（图 60）

例（2）双方对峙时，左冲拳佯攻头部，对手举臂防守的瞬间，俯身右掼拳击其左侧肋部。（图 61）

图 60

图 61

例（3）对手右蹬腿进攻中盘；以左手里挂防守，进步，以右掼拳反击其胸部。（图 62、图 63）

例（4）对手右抄拳进攻腹部；左手向里掩肘防守，右掼拳反击其头部。（图 64、图 65）

图 62

图 63

图 64

图 65

例（5）对手横踢腿进攻上盘时，左手挂挡防守后进步右掼拳反击其胸以上部位。（图 66、图 67）

图 66

图 67

三、抄 拳

1. 左抄拳

预备势开始，重心略下沉，左拳由下向前方勾起，上臂与前臂夹角在 90°~110° 之间，拳心朝里，力达拳面。（图 68）

图 68

要点：

⑴ 重心略下沉，是为了更好地利用前脚蹬地拧转的反作用力，加大勾拳力量。动作要连贯、顺达，用力要由下至上。

⑵ 抄拳时，臂应先微内旋再外旋，拳呈螺旋形运行。

⑶ 抄拳发力时，腰向右侧转动，发力短促。

易犯错误及纠正方法：

⑴ 左拳向外绕行。纠正时，面对镜子，不追求用力，重点体会拳的运行路线。

⑵ 抄拳发力时上体后仰、挺腹。纠正时，重点体会蹬地转腰的要领以及内力的运用。

⑶ 重心上提，歪胯。纠正时，请同伴帮助，一手按头，一手扶胯，边练习边提示改进。

用法：

抄拳属上下进攻型动作，由于击打距离短，适用于近距离实战，双方接触时，正面攻击对手的胸、腹或下颏。

例 ⑴ 对手左抄拳进攻胸、腹部时，沉身，左转右掩肘后，以左抄拳反击其躯干以上部位。（图 69、图 70）

图 69

图 70

例 ⑵ 对手上步欲抱腿时，沉身，以左抄拳反击其头部。（图 71、图 72）

图 71

图 72

例（3）对手左掼拳击头时，右手挂挡，沉身，左抄拳反击其腹部。（图 73、图 74）

图 73

图 74

2. 右抄拳

右脚蹬地，扣膝合胯，微向左转腰的同时，右拳由下向前、向上抄起，上臂与前臂夹角在 90°~110°之间，拳心朝里，力达拳面；左拳回收至右肩内侧。（图 75）

图 75

要点：

⑴ 右抄拳要借助右脚蹬地、扣膝、合胯、转腰的力量，发力由下至上，协调顺达。

⑵ 抄拳时，右臂先微内旋再外旋，螺旋形运行。

易犯错误及纠正方法：

⑴ 右拳后拉。练习者可能想加大动作力度，以致右拳先后拉再上勾，出现严重预摆。纠正时，应消除单纯用劲心理，着重体会动作路线和全身的协调配合。

⑵ 身体向上立起。练习者没有体会合胯转腰的用力方法，过分追求蹬地伸髋。纠正时，请同伴协助控制重心的起伏，如一手按头，一手给靶（保持正确的高度），体会力从腰发的要领。

用法：

例 ⑴ 对手右掼拳攻击上盘右侧时，左手挂挡后，右抄拳反击其躯干以上正面部位。（图 76、图 77）

例 ⑵ 对手右抄拳向胸、腹进攻时，左手掩肘防守后，右抄拳反击其中盘。（图 78、图 79）

图 76

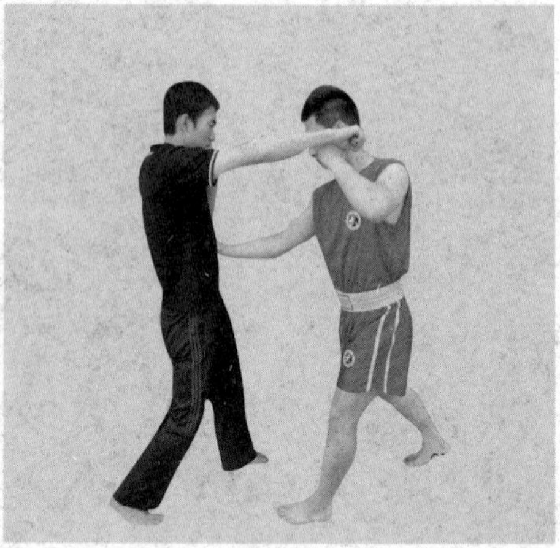

图 77

图 78

图 79

例（3）对手进身追击，或欲抱腿摔时，在其上步俯身的同时，右抄拳阻击其头部。（图 80、图 81）

图 80

图 81

四、弹　拳

左拳以伸肘弹腕的力量反臂向前弹击，力达拳背。右手弹拳转腰顺肩。(图 82)

图 82

要点：

⑴ 弹拳前左臂肌肉尽量放松，以气催力。

⑵ 弹拳发力时含胸拔背，顺肩，送肘，甩手腕，放长击远。

⑶ 弹拳后回收要快。

易犯错误及纠正方法：

⑴ 肌肉未能放松，弹拳没有速度，僵劲。纠正时，专门练习甩臂动作，由拳变掌，有利于肌肉放松。

⑵ 先拉后弹，有预兆。纠正时，放慢速度，面对镜子练习改正。

用法：

弹拳的特点是冷、脆、快、远。在对方冷不防的时候，以干脆、快速的弹拳击打对方的面部，扰乱对方的视线，为接其他进攻动作起先导作用。

例⑴ 主动弹击对手头部。（图 83）

例⑵ 主动弹击对手胸、腹部。（图 84）

图 83

图 84

五、劈 拳

以左拳为例：拳由上向下（正劈）、或向斜下方（斜劈）劈打，拳眼朝上或朝斜上，力达拳轮。（图 85）

图 85

要点：

(1) 劈拳时，以上臂带前臂，肘微屈。

(2) 力从腰发。劈拳时，同侧腰肌收缩用力。

图 86

易犯错误及纠正方法：

前臂弯曲过大，力点不准。纠正时，多击打实物，边做边检查，改正力点，体会用力方法。

用法：

劈拳是一种上下型的进攻动作，主要靠腰、臂的发力，用力短促、干脆。实践中常用于反攻对手的背部。例如当对手进步俯身抱腿时，以劈拳击其背部。（图 86）

六、横扣拳

以左横扣拳为例：左拳向外（约 30°）、向前、向里横摆扣击，拳眼朝上，拳

心朝右，力达拳心。（图 87）

图 87

要点：

⑴ 动作幅度大，预兆明显。纠正时，练习者减少力度，反复击打弹球。

⑵ 动作僵硬，速度迟缓。纠正时，强调臂、膀肌肉放松，轻松地反复练习。

用法：

它的特点是幅度小，速度快，较适用于近距离或贴身的实战，主要用以击打对方头部的侧面。实用范例可参考左右掼拳。

七、鞭　拳

以右鞭拳为例：身体向右后转 180°，右脚经左腿后插步；同时左拳与右拳一起回收至胸前；动作不停，上体继续向右转体 90°，同时右拳反臂向右侧横向鞭打，拳眼朝上，力达拳背。（图 88~图 90）

要点：

⑴ 转体要快，以头领先，不能停顿，支撑要稳。

⑵ 鞭拳时，以腰带臂，前臂鞭打甩拳。

图 88

图 89

图 90

易犯错误及纠正方法：

⑴ 转体停顿，站立不稳。纠正时，可专做转体练习。

⑵ 前臂没外甩，形成上臂抡打，力点不准。纠正时，可原地练习鞭拳，体会甩前臂的要领。

用法：

鞭拳是横向型进攻动作之一，并能借助于转体的惯性，动作幅度大，运动路线长，力度较大。用于退守反击时，动作隐蔽、突然。

例（1）双方对峙时，先以左拳虚晃佯攻，继而，右脚插步，身体右后转，右鞭拳横击其上盘。（图 91~图 93）

图 91

图 92

图 93

例（2）对手左或右冲拳攻击上盘时；左脚经右脚前向后迈步，身体右转 180°，躲闪其进攻的同时，以右鞭拳击其头部。（图 94~图 96）

图 94

图 95

图 96

例（3）对手连续追击，在退守中突然转身，以右鞭拳反攻其侧面。（图 97~图 99）

图 97

图 98

图 99

八、进攻方法组合

1. 组合的要求

散手进攻方法的组合，千变万化，既有两三个方法的组合，也有五六个方法的组合，但组合不是盲目的，而是根据其动作转换的合理性和在实战中的可行性组织编排的。要求：

（1）上下结合

动作应有上有下，手脚并用，或用摔法接踢、打，或用踢打接摔法。同一方法亦应上下运用，尽量扩大攻击面，分散对手的注意力，使其顾此失彼。

（2）左右结合

动作忽左忽右，左右连击。如左掼拳进攻对手头部右侧，紧接右横踢腿击其左侧肋部。

（3）横直结合

进攻路线纵横交错，逼迫对手无所适从。中垫步左踹腿直线攻击对手腹部，继而右手掼拳击其头部。

（4）真假结合

动作真真假假，假中有真，以假乱真，在战术上是指上打下，声东击西；在招法则是虚实的运用，虚者为假，实者为真；在力度上虚则轻而灵活，实则重而猛狠，使对手防不胜防。

2. 拳法组合（正架实践姿势开始，以下均同）

例（1）左右冲拳（图100~图102）

图100

图101

图 102

要点：快速连贯，冲右拳的同时，左拳回撤，护于右肩前。

例（2）左右掼拳（图 103、图 104）

图 103

图 104

要点：左拳幅度不宜太大，并迅速回撤，护于右肩前。

例（3）左右抄拳（图 105、图 106）

图 105

图 106

要点：发力短促，左抄拳转腰勿大，并迅速回撤，护于下颏前。

例（4）左冲拳→右掼拳（图 107、图 108）

图 107

图 108

要点：掼拳幅度不要太大，掼拳后右腿跟步，左转腰，顺肩，爆发右拳。

例（5）左掼拳→右冲拳（图 109、图 110）

图 109

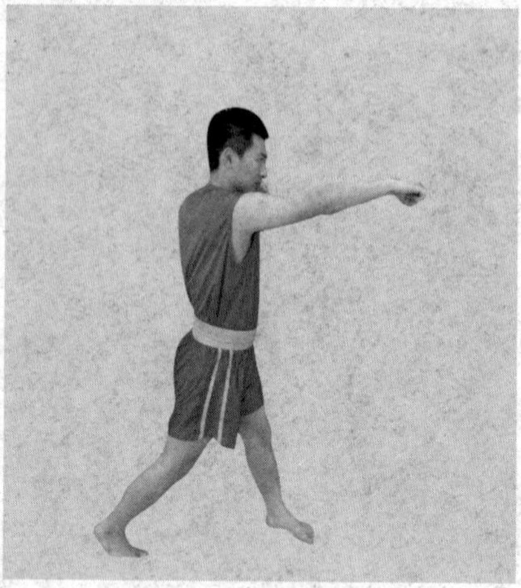
图 110

要点：掼拳幅度不要太大，掼拳后右腿跟步，左转腰，顺肩，爆发右拳。

例（6）左弹拳→转身右鞭拳（图 111~图 113）

图 111

图 112

图 113

要点：弹后快收，右脚蹬地，转身迅速，鞭打横扫，身体直立，注意平衡。

例（7）左掼拳→右抄拳（图 114、图 115）

图 114

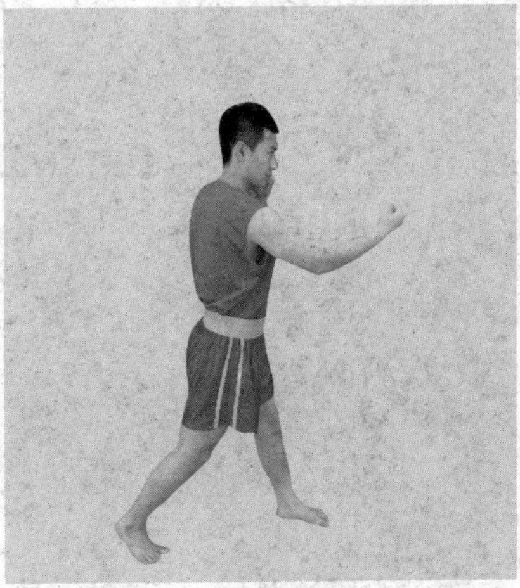

图 115

要点：以转腰、扣肩带动左拳掼打，完后迅速回收护于下颏前，同时左转腰，右拳向前上方抄打，后脚跟步助力。

例（8）右掼拳→左抄拳（图 116、图 117）

要点：借掼拳时身体的左转与前俯，沉身蓄劲，继而伸膝，挺髋，稍右转腰，向右前上方抄打。

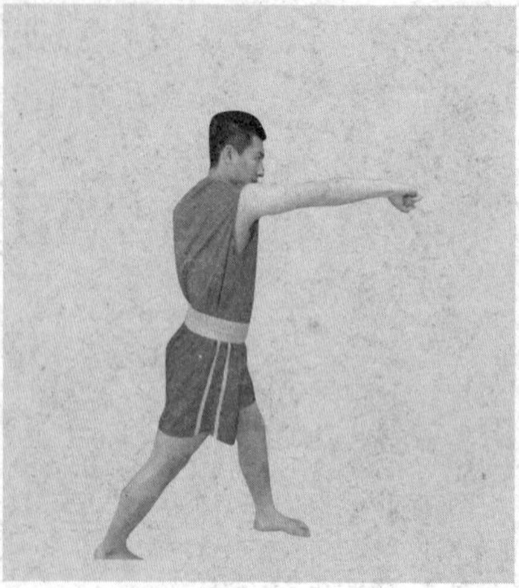

图 116

图 117

例（9）左冲拳→右抄拳（图 118、图 119）

要点：冲拳后快速回收护于下颏前，同时跟步，微左转，腰向前上方抄打。

图 118

图 119

例（10）左抄拳→右掼拳（图 120、图 121）

要点：右拳不要有预摆，突然向前上方抄打，继而微左转腰，扣肩带动右拳弧形横掼。

图 120

图 121

3. 拳法与腿法的组合

例（1）左冲拳→左蹬腿（图 122~图 124）

要点：冲拳结束的同时，右腿快速跟上向前，左腿抬起，由屈到伸用力向前蹬出。

图 122

图 123

图 124

例（2）左冲拳→左横踢腿（图 125~图 127）

要点：冲拳快速，跟步及时，腰微右转，收腹合髋，大腿带动小腿，弧形向斜上方横踢。

图 125

图 126

图 127

例（3）右冲拳→右踹腿（图 128~图 130）

要点：转腰，顺肩，爆发冲拳，借右脚蹬地上体微转并向侧倾，右腿由屈到伸向前踹出。

图 128

图 129

图 130

例（4）右冲拳→右横踢腿（图 131~图 133）

要点：右拳直线冲出，随其回收，右脚蹬地，收腹，合髋，扣膝，弧形向前上方横打。

图 131

图 132

图 133

例（5）左横踢腿→左冲拳→左掼拳。（图 134、图 135）

图 134

图 135

要点：横踢腿要收腹，合膝，扣膝，以大腿带动小腿，弧形横打；随左脚落地，左冲拳，右掼拳，动作衔接紧密协调连贯。

例（6）右掼拳→右勾踢腿（图 136~图 138）

要点：掼拳时，转腰，扣肩，弧形横掼；继而收腹，收髋，勾脚向右弧形擦地勾踢；同时右手配合向右切拨。上下配合，动作协调。

蹬地，收腹，合胯，扣膝向前上方横踢。动作连贯，注意保持平衡。

图 136

图 137

图 138

例（7）转身右鞭拳→左横踢腿。（图 139~图 142）

要点：转身时以头领先，立身快转，借其惯性，横向鞭甩；随其转身，左脚蹬地，收腹，合胯，扣膝向前上方横踢。动作连贯，注意保持平衡。

图 139

图 140

图 141

图 142

例（8）左冲拳→转身横扫腿。（图 143~图 145）

要点：冲拳后，左腿微屈支撑，快速转体，带动右腿横扫。

图 143

图 144

图 145

第四节 腿法技术

一、蹬 腿

1. 左蹬腿

实战姿势站立（以下均同），右腿直立或稍屈，左腿提膝抬起，勾脚，以脚跟

领先向前蹬出，力达脚跟；亦可送髋，脚掌下压，力达脚前掌。（图 146~图 148）

图 146

图 147

图 148

2. 右蹬腿

身体重心前移，左腿直立或稍屈，身体稍左转，右腿屈膝前抬，勾脚，以脚跟领先向前蹬出，力达脚跟；亦可送髋，脚掌下压，力达脚前掌。（图 149~图 151）

图 149

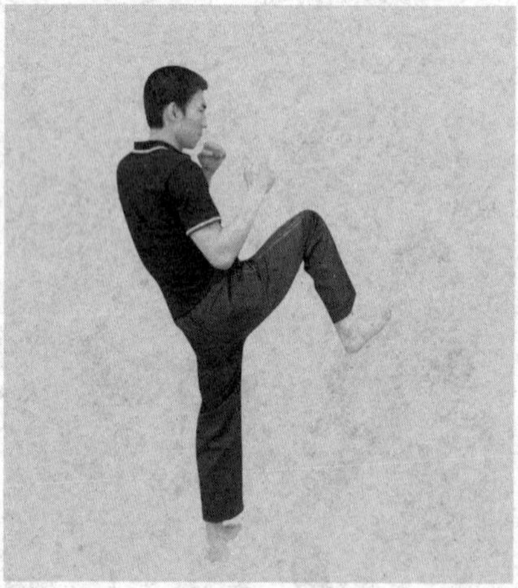

图 150

图 151

要点：屈膝高抬，爆发用力，快速连贯。

易犯错误及纠正方法：

提膝不过腰，髋、踝关节放松，力不顺达。

上体直立，多做提膝靠胸练习和左右转换的蹬腿。注意挺髋并稍前送；亦可多做蹬墙壁、树干、沙包等练习，体会发力和着力点。

用法：

散手中的蹬腿，除与套路中的要求相同外，还吸取了前点腿的优点，除力达脚跟，当击中对方时，脚踝发力，前脚掌下压，这样，击后容易将对方蹬开或使其倒地。

例（1）主动蹬腿（图 152、图 153）

在双方移动，当与对手正面相对时，蹬腿击其躯干。

例（2）垫步蹬腿（图 154、图 155）

图 152

图 153

图 154

图 155

当与对手距离较远时，垫步接近对方，同时蹬腿击其躯干。

例（3）迎面蹬腿（图 156）

当对方上步，用拳法进攻时，迎面抢先用蹬腿击其躯干。

例（4）互击蹬腿（图 157、图 158）

图 156

图 157

图 158

双方用拳互相击打时，突然屈膝抬腿将对方蹬开。

例（5）防拳蹬腿（图 159、图 160）

图 159

图 160

对方用拳攻击头部时，在用手格挡防守的同时，蹬腿击其躯干。

例（6）防腿蹬腿（图 161、图 162）

图 161

图 162

对方以侧弹腿、踹腿进攻，在用手防守后，抬腿将对方蹬开。

例（7）蹬腿破侧弹腿（图 163、图 164）

当对方使用侧弹腿进攻时，用蹬腿迎击其大腿或腹部。

图 163

图 164

例（8）蹬腿破侧踹腿（图 165）

当对方提膝拟用踹腿进攻时，抢先以蹬腿封堵，攻其腿部。

例（9）对方用转身后摆腿进攻，当其背对时，用蹬腿击其背部或臀部。（图 166）

图 165

图 166

二、后蹬腿

1. 左后蹬腿

身体向左后转，两腿弯曲成跪步，右手护头，左手屈肘自然下垂置于体侧；右腿直立或稍屈支撑，左腿抬起由屈到伸，勾脚，脚尖朝下，脚跟领先向后蹬出，力达脚跟；上体前俯；眼看蹬腿方向。（图 167~图 169）

图 167

图 168

图 169

2. 右后蹬腿

身体向右后转，两腿弯曲，左、右手握拳护于胸前；左腿直立或稍屈支撑，右腿屈膝抬起，脚尖勾起朝下，脚跟领先用力向后蹬，上体稍抬起；眼看蹬腿方向。（图 170~图 172）

图 170

图 171

图 172

要点：向后转身时以头领先；蹬腿时挺膝展髋，腰肌收缩，注意平衡。

易犯错误及纠正方法：

低头猫腰，腰背肌肉放松，蹬腿无力并偏离目标。

以沙包为击打目标，练习转头眼看目标再蹬腿，并体会用力的顺序和技巧。

用法：

后蹬腿俗称“虎尾腿”，它的优点是转体或背对对手容易使对手产生错觉，误入歧途，而且动作隐蔽，出其不意，命中率高。

例（1）直接后蹬

当身体处于背向对手的瞬间，突然用后腿蹬攻击对方躯干。（图 173、图 174）

图 173

图 174

例（2）插步后蹬

双方伺机进攻而距离较远时，后腿插步接近对方，后蹬腿击对方胸部。（图175、图 176）

例（3）鞭拳后蹬腿

转身鞭拳横击对方头部，随转体以后蹬腿攻击对方胸部。（图 177、图 178）

图 175

图 176

图 177

图 178

例（4）后蹬腿破冲拳

对方用冲拳进攻时，身体右转，重心落在右腿上避开来拳，随用左后蹬腿击对方躯干。（图 179、图 180）

例（5）后蹬腿破掼拳

对方用掼拳进攻时，右后转，上左步重心落于左腿；眼看对方，随之右后蹬腿击对方躯干。（图 181、图 182）

图 179

图 180

图 181

图 182

例（6）勾踢腿接后蹬腿

先以勾踢腿进攻对方小腿，如其抬腿躲过，随之用后蹬腿击躯干部位。（图 183、图 184）

图 183

图 184

三、上蹬腿

对方以拳法连续进攻或者追击推压时，两手带其上臂或肩部，顺势后倒，同时一腿屈膝抬腿，脚心向上，蹬击对方腹部并借其惯性将其蹬于身后。(图 185~图 187)

图 185

图 186

图 187

要点：

借力时机要准，倒地、上蹬动作要协调、连贯。

易犯错误及纠正方法：

倒地时屈腿不及时，被对方顺势压在身下。

在垫子或擂台上多做团身后滚倒地上蹬腿动作。

用法：

上蹬腿又称“兔子蹬鹰”。是比赛中制造下台战术的重要方法。当对方一味猛烈进攻，接近台边时，可以上蹬腿将对方蹬下擂台，取得一局胜利。

四、踹　腿

1. 左踹腿

右腿直立或稍屈支撑；左腿屈膝抬起，小腿外摆，脚尖勾起，脚掌正对攻击目标，展髋，挺膝向前踹出，力达脚掌，上体可侧倾。（图 188~图 190）

图 188

图 189

图 190

2. 右踹腿

左腿直立或稍屈支撑，身体向左转 180°，同时右腿屈膝前抬，小腿外摆，脚尖勾起，脚掌正对攻击目标，用力向前踹出，力达脚掌，上体可侧倾。(图191~图 193)

要点：

上体、大腿、小腿、脚掌成一条直线，踹出时一定要以大腿推动小腿直线向前发力。

图 191

图 192

图 193

易犯错误及纠正方法：

收腹、屈髋、撅臀，上体与腿不能成一条直线，打击距离短、速度慢、力量小。

手扶肋木或其他支撑物，一腿抬起，脚不落地，严格按动作要求，由慢到快反复练习踹腿，改正动作。

用法：

踹腿，是比赛中使用率较高的腿法之一，容易调整方法，因此，踹腿的使用变化较多，它直线运动，速度快，力量大，不易防守，而且配合步法运用，变化多，易于在不同距离上使用。

例（1）低踹腿击对方下肢。（图 194）

例（2）中踹腿击对方躯干。（图 195）

图 194

图 195

例（3）高踹腿击对方头部。（图 196）

图 196

例（4）插步踹腿，进攻对方面部。（图 197、图 198）

例（5）垫步踹腿击对方躯干。（图 199、图 200）

图 197

图 198

图 199

图 200

例（6）跟步踹腿击对方躯干。（图 201、图 202）

例（7）退步踹腿

当对方向前进步时，退步，左踹腿反击对方下肢。（图 203、图 204）

图 201

图 202

图 203

图 204

例（8）闪身踹腿

当对方用拳或腿法进攻时，向侧前方上步，闪身躲过对方的攻击，随之用踹腿击对方躯干。（图 205、图 206）

例（9）封堵踹腿

当对方抬腿进攻时，抢先以踹腿堵击对方。（图 207）

图 205

图 206

图 207

例（10）格挡踹腿

对方用拳法进攻，先以手臂格挡防守，随之用同侧腿踹击对方胸部。（图 208、图 209）

例（11）转换踹腿

先用前腿踹击对方，对方后撤躲闪，前腿落地，继以后腿踹击对方。（图 210、图 211）

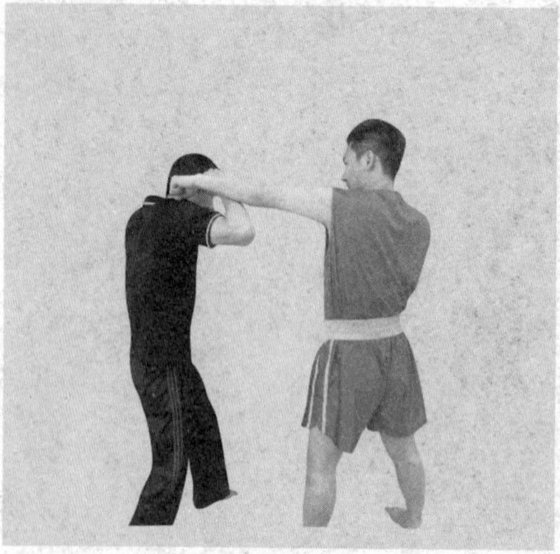

图 208

图 209

图 210

图 211

例（12）连续踹腿

当对方进步时先用踹腿击其下肢，若对方提膝躲闪，可当其提膝腿落地时，二次踹腿，击其胸部。（图 212、图 213）

例（13）出拳踹腿

先以左冲拳击对方头部或虚晃，随之右腿跟步左踹腿攻击其胸部。（图214、图 215）

图 212

图 213

图 214

图 215

例（14）避腿踹腿

对方以踹腿进攻时，稍撤身避其来腿，并趁其回收腿时，垫步左踹腿击其头部。（图 216~图 218）

图 216

图 217

图 218

五、横摆踢腿

1. 左横摆踢腿

上体稍右转并侧倾，同时带动左腿收髋、扣膝，直腿向右上方横摆打腿，踝关节屈紧，力达脚背至小腿下端。（图 219、图 220）

图 219

图 220

2. 右横摆踢腿

左膝外展，上体右转，收腹，带动右腿收髋、扣膝、直腿向左上方横摆打腿，踝关节屈紧，力达脚背至小腿下端。（图 221~图 223）

图 221

图 222

图 223

要点：以转体带动摆腿，动作连贯、快速。

易犯错误及纠正方法：

俯身、坐髋、撅臀；膝没有扣，形成撩摆。应注意上体稍立起，支撑腿挺髋站稳；多做踢打沙包练习，体会动作。

用法：

横摆踢，是在实战使用较多的一种腿法。它以身带腿，速度快，力量大，运用得好能起到重创对手的作用。但因其弧形横摆，路线长，幅度大，较易被对手察觉和防守，实战中应注意，动作快速，不带预兆。

例（1）当对手抢步向前，中盘空虚时，左横摆踢腿击其腹部。（图 224）

图 224

例（2）左冲拳击对方头部，被其防守后，左横摆踢击头。（图 225、图 226）

例（3）左冲拳击对手头部；对手撤步闪躲，随即左转身右横摆腿击其肋部。（图 227、图 228）

图 225

图 226

图 227

图 228

例（4）对手身体重心在前腿时，突然以右横摆腿击其下肢。（图 229、图 230）

例（5）对手右冲拳攻击胸部时，左手向右拍挡，继而左横摆踢击其肋部。（图 231）

图 229

图 230

图 231

例（6）对手右冲拳进攻时，向左侧身闪躲，同时右冲拳击其胸部，随即再以右横摆踢击其胸部。（图 232、图 233）

例（7）左手虚晃击对手头部，继而右横摆踢击其头部。（图 234、图 235）

图 232

图 233

图 234

图 235

六、侧弹腿

1. 左侧弹腿

右腿直立或稍屈支撑，上体稍向右侧倾；同时左腿屈膝向左侧摆起，扣膝，绷脚背，随即挺膝向前弹踢小腿，力达脚背至小腿下端。（图 236、图 237）

图 236

图 237

2. 右侧弹腿

左腿直立或稍屈支撑，上体左转 180°，稍后左侧倾；同时右腿屈膝前摆，扣膝，绷脚背，随即挺膝向前弹踢小腿，力达脚背至小腿下端。（图 238、图 239）

图 238

图 239

要点：

脚背紧张，膝盖内扣，以膝带腿，快速有力。

易犯错误及纠正方法：

脚背放松，膝不内扣，力点不准，容易受损伤。

按动作要领多做绷脚背，侧弹腿击沙包、脚靶等物，体会击打时脚背的肌肉感觉。

用法：

侧弹腿的优点是动作快速，易于变化，可视不同情况分别击对手的上、中、下三盘。

例（1）冲拳接侧弹腿

先用左冲拳击（虚晃）对方头部或躯干，继而右脚跟步，左侧弹腿攻击头部。（图 240、图 241）

图 240

图 241

例（2）防冲拳反击侧弹腿

对方以右冲拳进攻，右手拍挡防守，继而右侧弹腿反击其背部。（图 242）

例（3）防腿反击侧弹腿

对方用横扫腿进攻，两手抄抱防守，随即侧弹腿反攻其腹部。（图 243、图244）

图 242

图 243

图 244

例（4）连续侧弹腿

侧弹腿击对方腿部被防守时，腿不落地，屈膝回收小腿后，侧弹腿二次进攻击其头部。（图 245、图 246）

图 245

图 246

七、转身横扫腿

1. 左转身横扫腿

右脚向左脚前上步，微屈独立支撑，左后转身 360°，随转体，上体稍侧倾，左腿经左后向前横扫，脚面绷平，力达脚掌，目视左脚。（图 247~图 249）

图 247

图 248

图 249

2. 右转身横扫腿

身体右后转 360°，随转体右腿直腿由后向前横扫，脚背绷紧，力达脚掌，目视右脚。（图 250~图 252）

要领：

转体时以头领先，并借其惯性，腰背发力，展髋，挺膝，绷脚背。

图 250

图 251

图 252

易犯错误及纠正方法：

猫腰，低头，收腹屈髋，扫摆无力，击打不到位。多做横扫腿沙包练习，体会动作要领，注意转体时以头领先。

用法：

横扫腿是横向型的进攻动作。虽动作路线长，但在直线动作难于进攻时，突然改变路线，亦能使对手防不胜防。运用时往往以假动作做掩护，动作要果断、敏捷、快速。

八、后扫腿

左腿屈膝全蹲，脚前掌为轴，两手扶地向右后方转体一周，展髋，带动右腿向右后方弧线擦地直腿后扫，脚掌内扣并勾紧，力达脚后跟至小腿下端背面。（图 253、图 254）

要点：

低身与转体要快速连贯，借以带动扫腿，加快动作速度，增强力度。

易犯错误及纠正方法：

扫转腿弯曲，脚掌离地，转体与扫腿不连贯。

图 253

图 254

多做转体推地扫腿的配合练习，体会整体用力的协调性。

用法：

实战中，突然下蹲，没有经验的对手都会产生瞬间的迟疑，容易将其扫倒。使用后扫腿进攻对手时机选择很重要，第一，距离要适中；第二，对方身体重心在前脚上。脱离了这两个条件使用扶地后扫，成功率较低。完成动作后，不管成功与否，要么迅速站起，要么有防守对方反攻的准备。

例（1）后扫腿破拳法

当对方右腿在前欲以拳法进攻时，突然下蹲，后扫腿击对方脚跟。（图 255、图 256）

图 255

图 256

例（2）后扫腿破腿法

当对方以踹腿等腿法进攻时，突然下蹲闪躲，继而后扫腿击其支撑腿脚踝处。（图 257）

图 257

九、勾踢腿

1. 左勾踢腿

右腿弯曲，膝稍外展，上体稍右转，收腹合胯，带动左腿直腿勾脚向前、向右弧线擦地勾踢，力达脚弓内侧。（图 258、图 259）

图 258

图 259

2. 右勾踢腿

左腿弯曲，膝外展，身体左转 180°，收腹合胯，带动右腿直腿勾脚向前、向左弧线擦地勾踢，脚背屈紧并内扣，力达脚弓内侧。（图 260、图 261）

图 260

图 261

要点：

不带预摆，勾踢加速，力点准确，保持平衡。

易犯错误及纠正方法：

有预摆，幅度大，前上方用力，脚踝放松。

做勾踢木桩或两人相互勾踢的配合练习，互相检查，体会动作运行路线、用力方向和力点。

用法：

勾踢腿主要利用了“釜底抽薪”的原理，当对方身体重心在前腿时，勾踢腿击其脚后跟，破坏其支撑的稳定性。实际运用时，为了提高动作的实效性，经常以同侧手做切拨对手上盘的配合，效果较好。

例（1）直接勾踢腿

当对方身体重心移到前腿时，左腿在前，用右勾踢腿；右腿在前，用左勾踢腿，击其脚后跟。（图 262）

图 262

例（2）抱腿勾踢腿

对方用腿法进攻，防守抱腿后，勾踢腿击其支撑腿后脚跟，亦可同时用同侧手配合向相反方向切拨其上盘。（图 263、图 264）

图 263

图 264

十、截　腿

左腿弯曲支撑，右腿由屈至伸，勾脚并外翻，使脚弓内侧朝前，向前下方截

出，力达脚掌。（图 265）

图 265

要点：

脚踝紧张，发力短促，沉实。

易犯错误及纠正方法：

勾脚不紧，脚没外翻，直腿前摆。

多做由慢到快，由轻到重的左、右腿截击木桩的练习，体会动作要领。

用法：

截腿，兼有进攻和防守的双重作用，用于进攻时主要是正面直线进攻对方小腿胫骨面；用于防守时，主要封堵对方各种腿法的进攻。截腿的高度一般不超过膝，用力是由上向前下方。

例（1）直接截腿

当对方进步上前靠近时，快速以右腿截其小腿正面。（图 266）

例（2）截腿封堵

当对方抬腿用腿法进攻时，抢先以截腿封堵对方。（图 267）

图 266

图 267

例（3）截腿接踹腿

右截腿虚晃进攻对方下盘，当其提膝防守或后撤时，随右腿前落，右转身用左踹腿进攻对方中、上盘。（图 268~图 270）

图 268

图 269

图 270

十一、腿法组合

例（1）左蹬腿→右踹腿（图 271~图 274）

要点：快蹬快收，随蹬腿落地，身体左转，带动右腿快速向前踹出。

图 271

图 272

图 273

图 274

例（2）左蹬腿→右横摆踢腿（图 275、图 276）

要点：蹬腿落地后，上体右转，收腹合胯，带动右腿由后向前直腿弧形横摆。上、下肢协调配合，保持身体平衡。

例（3）左蹬腿→左后蹬腿（图 277~图 279）

要点：快蹬快收，落地的同时，上体右转，背对对手，缩身蓄劲，迅即展髋挺膝，用力后蹬。

图 275

图 276

图 277

图 278

图 279

例（4）左蹬腿→转身右横扫腿（图 280~图 282）

要点：蹬腿后迅速回落，脚尖内扣；右后转以身带腿，快速直腿横扫，保持身体平衡。

图 280

图 281

图 282

例（5）左侧弹腿→左踹腿（图 283、图 284）

要点：大腿带动小腿，鞭打快弹；回收蓄劲后，展髋，挺膝，用力猛踹。

图 283

图 284

例（6）左踹腿→左后蹬腿（图 285~图 287）

要点：踹腿快速有力，回收时脚尖内扣，上体右转，沉身蓄劲后，展髋挺膝，爆发后蹬。

例（7）右勾踢腿→右踹腿（图 288、图 289）

要点：收腹合胯，直腿勾扫，幅度勿大，不带预兆；屈腿回收要快，扣膝勾脚，随上体侧倾挺膝，展髋，用力猛踹。

图 285

图 286

图 287

图 288

图 289

例（8）右截腿→左蹬腿（图 290、图 291）

要点：截腿时，起腿隐蔽，不带预兆，横脚截击对方小腿；随右脚落地，快速提起左腿，继而用力向前蹬出。

例（9）右踹腿→右踹腿（图 292、图 293）

要点：要借左转身和上体向后侧倾，快速收腿踹出，加大第一次踹腿的力量；继而迅速回收落地，垫步向前第二次踹击。两次踹腿要求动作快速连贯，踹击距离要远。

图 290

图 291

图 292

图 293

例（10）左蹬腿→右勾踢腿（图 294、图 295）

要点：左蹬腿不宜太高，蹬后迅速回收落地，脚尖外摆；随上体稍左转，带动右腿直腿勾脚弧形勾扫；右手配合向右切拨。

图 294

图 295

第五节　摔跌法技术

摔法，也叫跌法，是构成散手技术的主要组成部分之一。熟练地掌握摔法技术，成功地运用摔法动作，是得分取胜的有效手段；同时还会给对手在精神上造成很大的压抑，极大地消耗对手的体力。这是因为对手在被摔倒后，为了避免身体受到强烈的震动或砸压而憋气，致使肌肉紧张，而且对手还要在暂短的时间内迅速站起来，投入下一回合的较量，以致从精神到体力都有极大的消耗，给身体又一次造成新的紧张，影响技术的发挥。

散手中的摔法，虽同中国式的摔跤、国际式摔跤、柔道，以及各民族形式的摔跤有共同之处，但是，由于受散手规则的制约，散手摔法在各式摔跤技术基础上有了进一步的发展，逐渐形成了武术散手摔法速度快、没有固定抓“把”部位的特点。

《散手竞赛规则》规定：使用摔法，抱住 2 秒钟后摔倒对方，不得分。而其他任何形式的摔跤比赛均不受这一限制。显然，速度快成为散手摔法的特点之一。

散手比赛，运动员必须穿戴规定的护具和拳套。这样，使用摔法时，便不可能牢固地抓握对手身体的某一部位。而在双方相互攻击的情况下，单纯主动地使用摔法易造成被动局面。可见，摔跤比赛中的一些摔法，在散手比赛中可以借用，但不能照搬。例如：中国式的摔跤中“踢”的动作，是抓握住对手上肢的“把”位后，左右拧拉，使对手身体倾斜，借其反抗的力量顺势踢其踝关节以下的外侧，使对手失重心而倒地。这一摔法有一定的顺序和节奏，难以在2秒钟内完成动作。

散手的摔法，是根据对手站立的姿势，距离远近，在规则限定时间内，运用灵活多变的技术动作，摔倒对手。既有主动进攻的摔法，也有被动反攻的摔法；既有在远距离踢打中接抱上、下肢的摔法，又有远距离搂抱躯干贴身的摔法。这在其他的摔跤比赛中是少见或根本不能使用的。如散手中较常见的接抱单腿甩、涮等摔法，勾踢脚跟摔法等。

下面就散手比赛中最为常用的摔跌法介绍于后，供教学及训练中选用。

一、跌法技术

在散打比赛和实战训练中，经常会出现倒地的动作，因此练习者必须掌握合理的倒地技术和增强抗震的能力。要想摔人，先学挨摔。倒地跌法练习是习练者学习散打摔法技术的基础，是在比赛和实战训练中合理有效使用摔法技术的前提条件。散打中的倒地跌法是一种用于应变的防护性措施，不仅是为了防护、防守，更有积极进攻的寓意。在比赛和实战训练中，不管是被摔倒或是摔倒对方，自己都要有一个“如何自我安全倒地”以及“保护对方”的概念。倒地时，应注意身体接触地面积要大。用力撑地时，手肘向里屈肘。在倒地的一瞬间要憋气，全身紧张用力，以防止内脏受到震动。这里主要介绍几种常用的倒地方法，如前倒、后倒、抢背等。

1. 前倒

技术要领：并步站立，身体向前倒，在即将倒地的瞬间迅速屈肘外旋，手指自然张开，以两手及前臂内侧面拍地面，起到缓冲的作用。同时收腹、紧腰、含胸、抬头，身体保持紧张状态。

2. 后倒

技术要领：并步站立，身体向后倾倒，两臂在体侧弯曲，向外张开，掌心朝

下，收腹、含胸、低头收下颌。着地时两手臂内侧拍地缓冲。同时肩背部着地，随之一腿上抬，另一腿屈膝撑地，脚跟提起，胯部上顶仰卧于地面；亦可屈膝蹬地，做腾空后倒。

3. 抢背（以左侧为例）

动作要领：从预备姿势开始，上体向前倾倒，同时低头、含胸、左臂屈肘横向着地。以左肩、背部依次着地前滚，右腿随之向后上摆起，团身滚动 360°，两腿屈膝迅速站起，滚动过程中要求低头、含胸、收腹。

4. 抢背摔（以左侧为例）

动作要领：从预备姿势开始，身体向左侧前方倾倒，左手臂横肘撑地右手随之屈肘撑地，两掌尖相对。低头、含胸以左侧肩部先着地，团身滚翻一周后，右手臂内侧积极拍地缓冲，右腿伸直，胯部上顶，左腿弯曲置于体后侧，左手臂屈肘置于头部上方，做护头的动作。

5. 团身后滚翻

动作要领：并步站立，两腿屈膝全蹲，两手在体前撑地，臀部着地后上体继续后仰倒地，以背部、肩部、头部依次着地，身体团身向后滚翻，两手掌随之向后撑地，身体滚动 360°后，上体抬起，两臂撑起快速站立。

6. 前翻摔

动作要领：并步站立，右腿上半步蹬地起跳，左腿向右上方撩摆，身体向前空翻一周，落地时两臂屈肘以手臂内侧拍地缓冲，肩背部着地，两腿屈膝以脚前掌撑地。

7. 盘腿跌（以左侧为例）

动作要领：开步站立，右脚蹬离地面，身体腾空，在空中身体向左侧倾斜，左腿屈膝盘起，右腿摆向右侧，同时两手臂从左侧由下向上、向右摆起，左腿同时也向右摆起，右脚随之下落在左腿上方盘跌，以左腿外侧和两臂内侧着地，两臂弯曲放在身体左侧。

二、摔法技术

(一) 夹颈过背

双方由实战姿势开始（以下均同），甲以左直拳击乙头部；乙用前臂格挡甲左前臂，左臂由甲右肩上肩穿过后，屈臂夹甲颈部；同时右脚背步至与左脚平行，两腿屈膝，身体右转，以左侧髋部紧贴甲方前身；继而两腿蹬伸，向下弓腰、低头将甲背起后摔倒。（图 296~图 298）

图 296

图 297

图 298

要点：夹颈牢固，背步转身要快，低头、蹬腿协调有力。

运用：多用于防守冲、掼拳头部时反击，或主动进攻。

易犯错误及纠正方法：

1. 夹颈不牢固：应使身体贴靠对方，屈臂环绕夹紧。
2. 背不起对方：应强调背步、转身、低头、弓腰、蹬腿协调连贯。

（二）插肩过背

甲用右掼拳击乙头部；乙立即向前上步，左闪身，左臂由甲右腋下穿过；背右步至与左脚平行，两膝屈膝；同时右手推拍甲右前臂，两腿蹬直，向下弓腰、低头，左上臂插抱甲右腋下将甲摔倒。（图 299~图 301）

要点：

闪身快、背步、转身协调一致，低头、弯腰连贯有力。

易犯错误及纠正方法：

1. 抱握肩不紧：应以背部靠近对手。
2. 背不起对方：注意低头、弓腰、蹬腿动作连贯，用力充分。

运用：防守掼、冲拳对头部攻击时，闪躲反击。

图 299

图 300

图 301

(三) 抱腰过背

甲用右掼（直）拳击乙头部；乙向前上半步，右闪身，左臂由甲右臂下穿过，左手抱甲腰部，右手拍挡甲左拳；背右步，屈膝后蹬直，向下弓腰、低头将甲摔倒。（图 302~图 304）

图 302

图 303

图 304

要求：

闪身快，抱腰紧，屈膝、伸腿、低头、弓腰协调连贯。

运用：

防守掼、冲拳击打头部时的反击。

易犯错误及纠正方法：

1. 抱腰不紧：应注意上步转身要贴近对方身体。

2. 摔不倒对方：应使上步、转身、屈膝、低头、弓腰、伸腿动作连贯一致，用力充分。

(四) 抱腿过背

由甲用右蹬腿击乙胸部开始。乙立即用两手抓握住甲右脚，右脚向后背步，屈膝，将甲右腿上抬到左肩上；随即两腿蹬直，低头，弓腰，将甲过背摔倒。(图 305~图 308)

要点：接脚准，抓握牢，转身快，低头、弓腰、蹬腿协调一致。

易犯错误及纠正方法：

1. 抓握脚不牢：宜抓握对手脚踝处。

2. 扛不上对手右腿：转身屈膝，上抬对手右脚动作连贯，不能断劲。

图 305

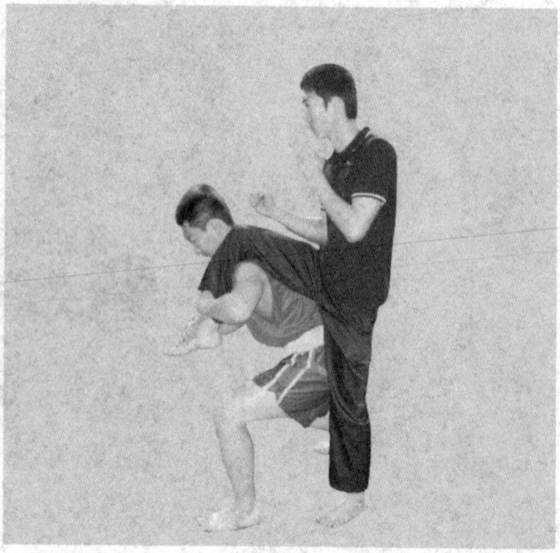

图 306

图 307

图 308

运用：

多用于反攻蹬腿动作。

（五）穿臂过背

由甲用左冲拳击乙头部开始。乙左闪身，右前臂格挡甲左前臂，左手臂由甲左臂下穿过上抱其上臂至肩上；同时身体右转，背右步，两腿屈蹲；继而，两腿蹬直，弓腰、低头，将甲背起后，过背摔倒。（图 309~图 311）

图 309

图 310

图 311

要点：

绕抱对手左臂要快，转身、低头、弓腰、蹬腿协调连贯，快速有力。

易犯错误及纠正方法：

1. 绕抱不住对手左臂：背步转身要快。
2. 两腿蹬伸不直：背步转身，屈膝，蹬腿动作要连贯一致。

运用：

多用于防守反攻对手的冲（掼）拳。

（六）抱腰过胸

由甲用右冲拳击头部开始。乙立即上左步，右闪身，两臂由甲左、右腋下穿过，抱甲腰部；右腿屈膝上步后蹬腿，向后弓腰、仰头，将甲抱起，向后倒地的同时，弓腰、仰头，头离地约 20 厘米时向左转体，将甲摔于身下。（图 312~图 314）

图 312

图 313

图 314

要点：

抱腰要紧，仰头、挺腹、蹬腿协调有力，转身翻腰及时。

易犯错误及纠正方法：

1. 抱腰不紧：主动接近对手。
2. 自己先倒地：蹬腿及时有力，翻腰后倒大胆迅速，掌握好时机。

运用：

适用于主动进攻或防守反击。

（七）抱腿过胸

甲用右冲拳击乙头部，乙立即上右步，屈膝、弓腰，两手抱甲双腿；随向前上右步，蹬腿、挺身将甲抱起后，向后弓腰、仰头、后倒。（图 315~图 317）

要点：

上步下潜快，抱腿紧，仰头后倒大胆，空中翻身及时。

易犯错误及纠正方法：

1. 抱不住对方双腿：注意接近对手，下潜及时。
2. 抱不住对方：屈膝下潜和伸腿、仰头之间，不能有间歇时间。
3. 自己身体先着地：主动后倒后，翻身要快。

图 315

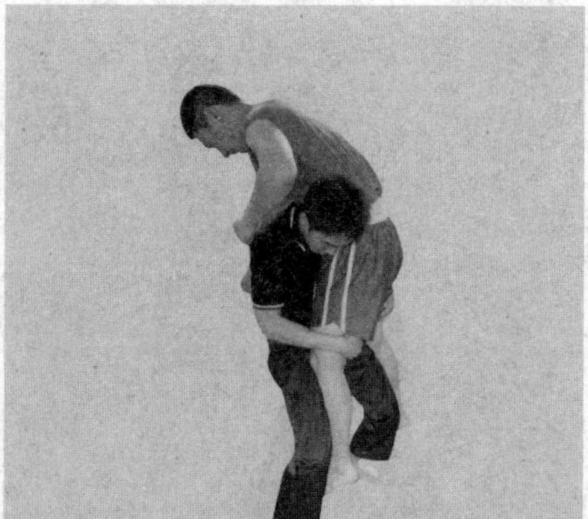

图 316

图 317

运用：

制造下台战术，主动进攻对方，反攻亦可。

(八) 后抱过胸

甲用左冲拳击乙头部，乙立即向甲左脚外侧上步，左手向左拨挡甲左前臂，右臂由甲右臂下穿过，抱其腰部，上右步绕至甲右脚后，两腿屈膝；左手由甲左臂下穿过抱其腰；同时两脚蹬地，向后弓腰，仰头，后倒；乙头离地约 20 厘米时，向左转体。（图 318~图 321）

图 318

图 319

图 320

图 321

要点：

上步转身快，抱腰紧，后倒大胆，转身及时。

易犯错误及纠正方法：

1. 抱不住对手腰部：两脚步法移动快而有序，步距不能过大。
2. 自己先倒地：仰头要充分，空中翻身转体要快。

运用：

适于对方接近后台，把对方摔到台下，也适用于防守反击。

（九）抱腿前顶

甲出拳击乙头部时；乙上左步，下潜躲闪，两手抱甲双腿，屈肘，两手用力回拉；同时用左肩前顶甲大腿或腹部，将甲摔倒。（图 322、图 323）

要点：

下潜快，抱腿紧，两臂后撤，肩顶有力。

易犯错误及纠正方法：

1. 抱不住双腿：注意下潜接近对手。
2. 摔不倒对手：两臂后拉，肩顶配合协调。

图 322

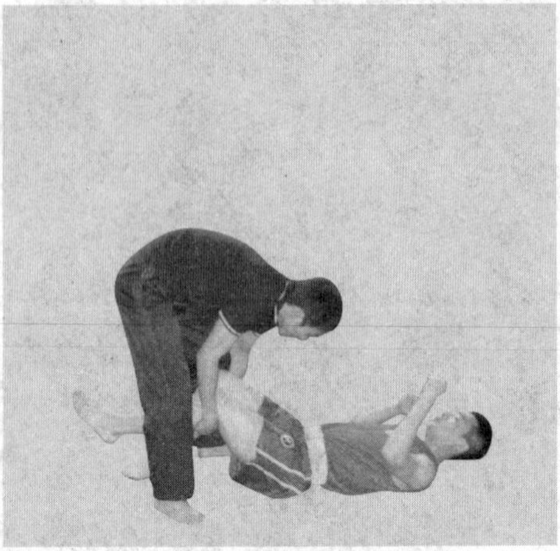

图 323

（十）抱腿别腿

甲站立或起左侧弹腿时，乙将甲左腿抱住，并向甲的支撑腿后上左步；上体左转，长腰成右弓步，用左腿别甲左腿，同时用胸下压甲腿。（图 324~图 326）

要点：

抱腿准、有力，弓步转体协调，长腰压腿顺势。

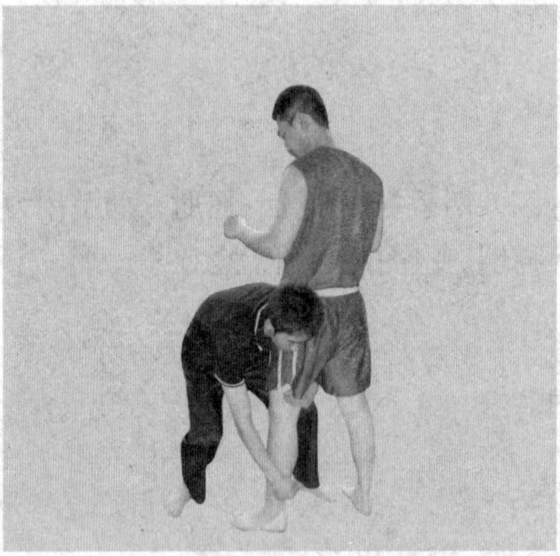

图 324

图 325

图 326

易犯错误及纠正方法：

1. 抱不住腿：掌握好接抱腿时机。
2. 摔不倒对方：别腿、压腿衔接要快。

运用：

可用于主动进攻或防守反击。

(十一) 抱腿打腿

甲出拳，乙下躲闪身，同时上左步，两手抱甲左腿；抱起后，左腿向前摆至甲右腿膝窝处；随上体右转，左小腿后打甲右腿。（图 327~图 329）

要点：

下潜快，抱腿准，前摆、后打腿协调一致。

易犯错误及纠正方法：

1. 抱不住腿：下潜抱腿动作连贯、迅速。
2. 摔不倒对方：前摆后打腿动作不能有间歇。

运用：

多用于主动抱单腿或接抱对方蹬腿的防守反击。

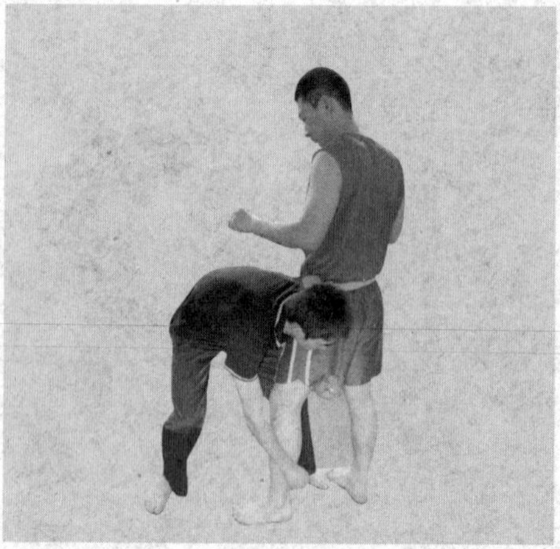

图 327

图 328

图 329

（十二）抱单腿涮

由甲用左蹬腿踢乙胸部开始。乙立即用两手抓握甲左脚；两腿屈膝，两手向右侧拉其右脚；随即向下、向左上方成弧形摆荡。（图 330~图 332）

要点：

抓握要准确、牢固，右拉和弧形摆荡动作要连贯有力。

图 330

图 331

图 332

易犯错误及纠正方法：

摔不倒对方：弧形摆动要协调一致，注意借用对方反抗力量。

运用：

多用于接抱对方蹬腿、横打腿等。

（十三）抱腿上托

由甲用蹬腿蹬乙胸部开始。乙两手立即抓握住甲左腿，屈臂上抬，两手上托其左脚后，向前上方推送使甲倒地。（图 333、图 334）

图 333

图 334

要点：抓脚准，托推动作连贯一致。

易犯错误及纠正方法：

托推不倒对方：注意托脚和推脚动作的连续性，不能有间歇时间。

运用：

适用于防守反击对方的蹬腿动作。

（十四）抱单腿甩

由甲用左前蹬腿蹬乙胸部开始。乙立即用两手抓握甲左脚向下拉，弓腰、屈膝。（图 335、图 336）

要点：

抓脚准，拉甩快而有力。

图 335

图 336

易犯错误及纠正方法：

拉甩不倒对方：注意抓脚、拉甩动作连贯、快速。

运用：

多用于防守反击对方的蹬腿。

(十五) 抱腿手别

由甲用左侧弹踢，踢乙肋部开始。乙立即接抱甲左小腿；向前下方弓腰，左手臂由甲裆下穿过，别甲膝窝；手别的同时，右手抱甲左小腿向右转体使甲摔倒。（图 337~图 339）

要点：抱腿紧，别拨有力。

易犯错误及纠正方法：

1. 抱腿不紧：抱腿后应由上向下环抱，向内拉，贴住腹部。

2. 别不倒对方：身体重心下降，别腿时上体要转动，以发挥腰部力量。

运用：

多用于防守侧踹腿的反攻。

图 337

图 338

图 339

(十六) 接腿勾踢

由甲用右侧弹踢，踢乙肋部开始。乙立即顺势用左手抱住甲右小腿，右手由甲右肩上穿过下压其颈部；同时，右脚向前勾踢甲支撑腿踝关节处。(图 340~图 342)

要点：接抱腿准确，压颈、勾踢协调有力。

图 340

图 341

图 342

易犯错误及纠正方法：

勾踢不倒对方：首先控制住腿，压颈、勾踢动作要协调连贯。

运用：

多用于防守对方左（右）侧踹腿的反击动作。

(十七）接腿搂腿

由甲用左侧弹腿踢乙肋部开始。乙立即用右手臂抱住甲左小腿；右脚向前

上步，左腿抬起前伸，由前向后搂踢甲支撑腿；同时左手用力向前推乙左肩。(图343~图 345)

图 343

图 344

图 345

要点：

抱腿紧，搂腿、推肩协调有力。

易犯错误及纠正方法：

1. 抱腿不紧：接抱腿时要使对方腿贴近自己腹部，使其不能逃脱。

2. 摔不倒对方：搂腿和推肩动作协调一致。

运用：

适用于防守踹腿的反击。

(十八) 夹颈打腿

甲用左冲拳击乙头部；乙右前臂外格甲前臂，左手由甲左肩上穿过，屈肘夹甲颈部；同时右腿背步与左腿平行，随即右转体用右小腿向后横打甲右小腿，将甲打起。（图 346~图 349）

图 246

图 247

图 248

图 249

要点：

格挡迅速，夹颈有力，打腿、转身协调一致。

易犯错误及纠正方法：

1. 夹颈不紧：注意夹颈时步要向前跟上，身体贴紧对方。
2. 摔不倒对方：打腿和转身要协调一致。

运用：

在对手用冲（掼）拳击打时，防守反击。

(十九) 插抱打腿

甲用左冲拳击乙头部；乙立即用右前臂向外格挡，右脚背步，左臂由甲左臂下穿过，右手臂夹、拉甲的左前臂，随向右转体、弓腰，左小腿向后上方打甲左小腿，将甲打起。（图 350~图 353）

要点：

格挡快，夹、拉臂紧而有力，打腿、转身协调一致。

易犯错误及纠正方法：

1. 夹臂不紧：格挡动作要快并顺势成夹臂动作。
2. 摔不倒对方：注意背步打腿的动作的连贯性。

图 350

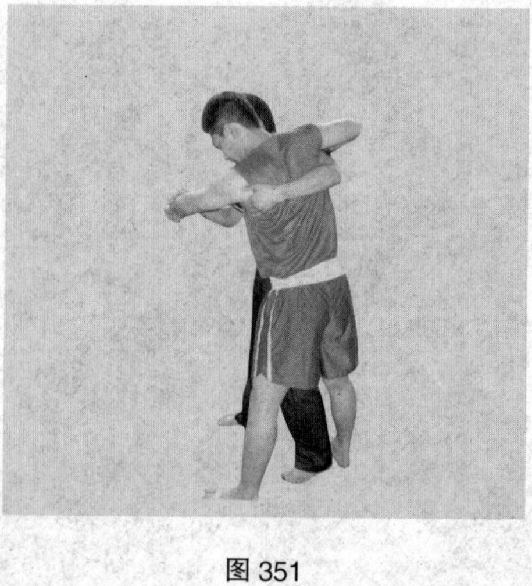

图 351

图 352

图 353

运用：

适应于格挡防守冲拳的反击。

(二十) 撞胸前切

甲用左冲拳或掼拳击乙头部；乙用右前臂向外格挡后撸抓其手臂；同时，右脚向前上半步，随即，左脚向甲左腿后插步别甲左腿，左臂由甲右肩上穿过，屈肘夹抱甲的颈部；上体前俯下压甲胸部，使甲摔倒。（图 354~图 357）

图 354

图 355

图 356

图 357

要点：

格挡上步快，撞胸有力。

易犯错误及纠正方法：

摔不倒对方：注意上步要接近对方，同时使上体前俯撞胸。

运用：

对手实战姿势站立较高，身体直立时主动进攻或其运用冲（掼）拳时防守反击。

(二十一) 顿手前推

乙右脚蹬地，向前上左步成弓步，同时两臂前伸，两手成立掌推甲胸部；上体微前倾。（图 358、图 359）

要点：

上步快，双手用力一致。

易犯错误及纠正方法：

推不倒对方：坐髋、沉腕双手用力一致，发力短促。

运用：

多用于对手临近台边时抢攻将其推下台去。

图 358

图 359

(二十二) 拨颈勾踢

甲用右冲拳击乙头部；乙用左掌外格甲左前臂，伸右臂穿过甲的肩部，手拨甲颈部右侧；同时右脚勾踢甲左脚的踝关节处将甲勾倒。（图 360~图 362）

要点：

拨颈、勾踢协调有力。

图 360

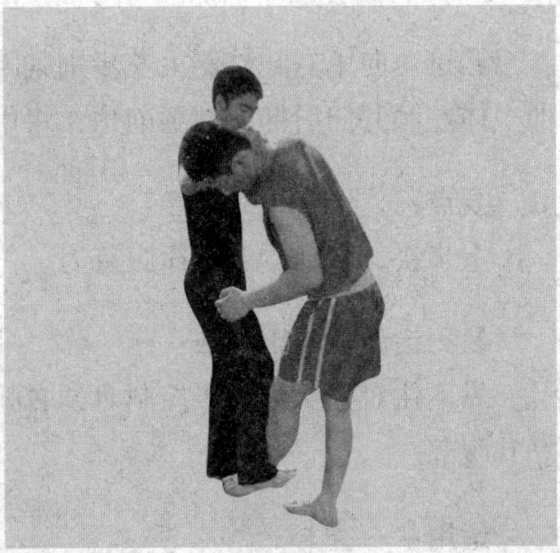

图 361

图 362

易犯错误及纠正方法：

摔不倒对方：注意右手拨颈、右脚勾踢动作配合一致。

运用：

用于对手冲（掼）拳击打时的防守反攻。

(二十三) 穿腿靠摔

乙迅速向甲右腿外侧上左步别其腿；同时沉身，以左臂向甲两腿间插入；随即上体左倾并向后仰，屈膝前顶，将甲靠倒。（图 363~图 366）

要点：

上步快，主动侧倒，靠腹有力。

易犯错误及纠正方法：

靠不住对方：上左步控制对方右腿后撤，左臂控制其左腿后撤，及时向侧倒靠其腹部。

运用：

对方站立姿势较高，身体直立时，主动伸腿插入对方两腿间，将其摔倒。

图 363

图 364

图 365

图 366

(二十四) 侧倒推肩

甲用右冲拳击乙头部；乙后闪身，以左前臂格挡、抓带甲右前臂，右腿向左前方伸出，身体侧倒；同时右手推甲左肩，将甲推下擂台。（图 367~图 370）

要点：

伸腿要直，推肩有力。

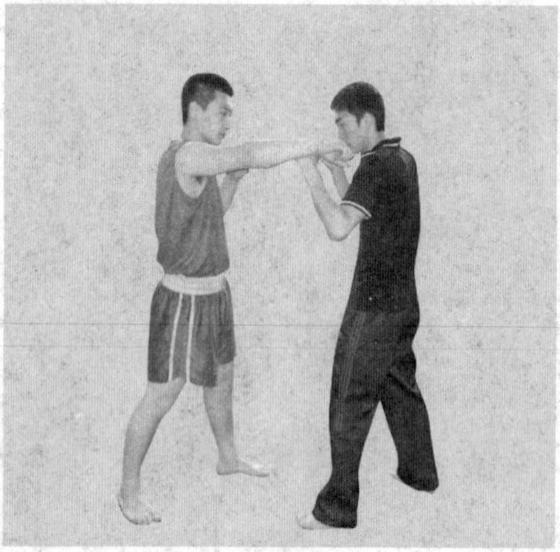
图 367

图 368

图 369

图 370

易犯错误及纠正方法：

推不倒对方：注意动作的连贯快速，主动侧倒并同推肩动作协调一致。

运用：

临近台边时，舍身主动倒地，把对手推下擂台。

(二十五) 推膝拨腰

由甲两臂夹住乙颈部开始。乙迅速下蹲，右手推握甲右膝外侧，左手环抱甲腰部；右手向后推甲右膝，左前臂向外拨甲腰部。（图 371~图 373）

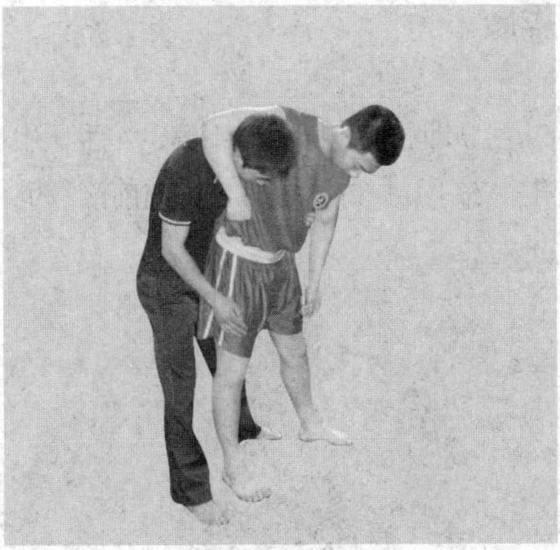

图 371

图 372

图 373

要点：

下蹲快，推、拨有力，上下配合。

易犯错误及纠正方法：

推、拨不倒对方：注意推膝、拨腰动作的一致，发力短促。

运用：

主要用于在双方抱缠时，突然改变方法主动攻击对方。

（二十六）压颈推膝

由甲抱乙双膝开始。乙立即屈髋坐腰，微下蹲，左手压甲后颈部，右手向上推托甲左膝关节，随沉身下坐，右手压，左手上托使甲向前滚翻倒地。（图 374~图 376）

图 374

图 375

图 376

要点：

下蹲快，压、推（托）动作协调一致。

易犯错误及纠正方法：

对手不能倒地：下蹲要及时，压颈、推膝动作用力一致，不能有间歇。

运用：

多用于被抱双腿或单腿时的反击。

(二十七) 折腰搂腿

由双方搂抱开始。乙两臂抱住甲腰，屈抬右腿，小腿由前向后搂甲左小腿；同时两手抱紧甲腰部，上体前压其胸，使甲后倒。（图 377~图 379）

要点：

搂抱要紧，搂腿、压胸协调有力。

图 377

图 378

图 379

易犯错误及纠正方法：

搂不倒对方：抱腰要紧并向回拉，上体前倾带胸和搂腿动作一致。

运用：

适用于双方互相搂抱时，突然改变摔法动作。

第六节　防守技术

一、防守的方法

1. 接触防守

(1) 正架预备势开始（以下均同）。左手（右手）以拳心或掌心为力点向里横向拍挡。（图380）

图380

要点：

前臂尽量垂直，拍挡幅度小，用力短促。

易犯错误及纠正方法：

防守时向前方迎拨，幅度过大。应注意只动前臂，不能伸肘、伸臂。

用法：

防守对方直线型拳法或横向型腿法对上盘的攻击。（图 381、图 382）

图 381

图 382

（2）挂挡

左手（右手）屈臂向同侧头部或肩部挂挡。（图 383）

图 383

要点：

上臂和前臂叠紧并贴于头侧，要含胸侧身，暴露面小。

易犯错误及纠正方法：

抬肘向外格挡。可面对镜子检查动作规格，也可作攻防练习，检查防守的效果。

用法：

防守对方横向型的手法或腿法攻击上盘，如左右掼拳或左右横踢腿等。（图 384、图 385）

图 384

图 385

（3）拍压

左拳（右拳）变掌心或掌根为力点由上向前下拍压。（图 386）

要点：

拍压时臂要弯曲，手腕和掌指要紧张用力，臂内旋，虎口、指尖均朝右（左）。

易犯错误及纠正方法：

臂伸直，虎口、指尖朝前或朝下，手腕放松。纠正时多做徒手的强化练习。

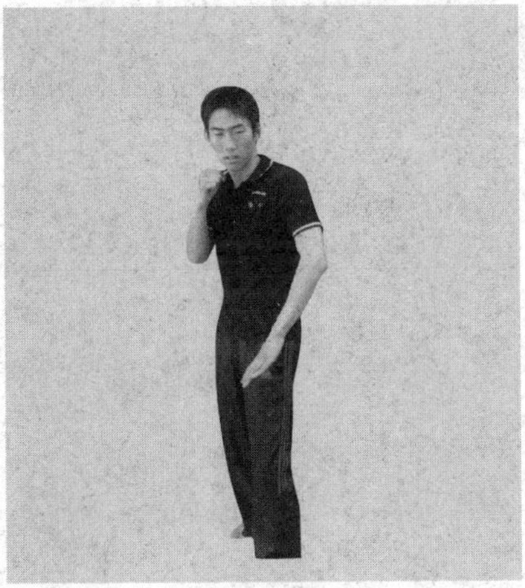

图 386

用法：

防守对方正面的手法或腿法攻击中盘，如下冲拳、勾拳、撩拳及蹬踹腿等。(图 387、图 388)

图 387

图 388

(4) 外抄

左（右）手臂外旋弯曲，上臂紧贴肋部，前臂水平，手心朝上，同时右(左) 手屈臂紧贴腹部，立掌，手心朝外，手指朝上。(图 389)

图 389

要点：

上臂护躯干，两手成钳子状。抱腿时，两手相合锁扣。

易犯错误及纠正方法：

两肘离开躯干，两手防守不同时。纠正时，两人一组，一人横踢腿，用力要小，另一人体会外抄接抱腿的方法。

用法：

接抱对方横踢腿对上、中盘的进攻，如左右横踢腿等。（图 390）

图 390

(5) 里抄

左（右）手臂微屈并外旋，紧贴腹前，手心朝上，同时右（左）手屈臂紧贴胸前，立掌，虎口朝上，掌心朝外。（图 391）

图 391

要点：

两臂紧贴体前，保护裆部和胸、腹部，抱腿时右（左）手掌心朝下与左（右）手相合锁扣。

易犯错误及纠正方法：

两臂离开躯干向前迎抱，防守不严密。应多做抱腿的模仿练习或两人一攻一防的练习。

用法：

抄抱对方直线腿法和横线腿法由后向左攻击上、中盘。如正面的蹬、踹腿和左横踢腿等。（图 392）

图 392

(6) 外挂

以左手外挂为例：左拳由上向下、向左后斜挂，拳心朝里，肘尖朝后，臂微屈。（图 393）

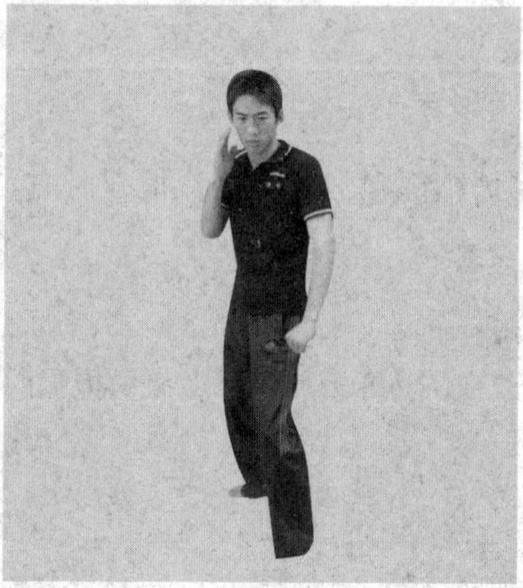

图 393

要点：

左臂肘关节微屈，肘尖内收朝后，左臂朝左后斜下挂防。

易犯错误及纠正方法：

左臂向外横拦，肘尖朝外，直臂。可让同伴帮助以左右横踢腿进攻，反复外挂防守。

用法：

结合左右闪步，挂防对方蹬、踹腿或横踢腿攻击中盘部位。（图 394）

图 394

（7）里挂

左臂内旋，左拳由上向下、向右斜下挂防，拳眼朝内，拳心朝左。（图395）

图 395

要点：

臂尽量内旋，略屈肘以桡骨侧为力点挂防，幅度要小，同时上体应略向右转。

易犯错误及纠正方法：

左臂向外弧形绕圈，动作幅度过大。面对镜子改进动作路线。

用法：

结合左闪步防守对方从正面或偏右，以腿法攻击中盘部位。（图 396）

图 396

（8）掩肘

以左掩肘为例，左臂弯曲，前臂外旋，在腰微向右转的同时向内、向腹下滚掩，拳心朝里，以前臂尺骨下端（小指侧）为防守力点，含胸、收腹、低头。（图 397）

图 397

要点：

上体含缩，两手紧护胸腹，以腰带臂，滚掩如关门闭户。

易犯错误及纠正方法：

上体含缩不够，两臂防守不严密。纠正时两人配合做攻防练习，体会正确姿势。

用法：

防守对方由下而上的手法或腿法攻击中、下盘。（图 398）

图 398

（9）阻挡

两脚蹬地，身体微前移，以肩部和手心阻挡对方直线拳法的进攻；以前臂阻挡对方直线腿法的进攻。（图 399、图 400）

要点：

身体紧张、含缩，闭气，阻挡拳法要提左肩并收下颏；阻挡腿法要含胸、收腹、沉气，两手紧护体前，尽量缩小被击面。

易犯错误及纠正方法：

身体直立，仰头，两手保护不严密。可以静止体会动作为主，适当配合攻防练习。

图 399

图 400

用法：

破坏、阻挡对方的进攻，为反击做准备。

(10) 阻截

左腿屈膝略抬，脚趾翘起，以脚掌为力点前伸阻截，脚掌朝前下方。（图 401）

图 401

要点：
提膝迅速，阻截要抢在对方进攻之前，支撑要稳。

易犯错误及纠正方法：
支撑不稳，准确性差，迎截不主动。可两人一组做攻防练习。

作用：
以先发制人的方法，抢在对方进攻之前阻截其腿，破坏对方的进攻。

2. 非接触式防守（闪躲防守）

（1）撤步

前脚由前向后收步，接近后脚时脚前掌着地，重心落于后腿。（图 402）

图 402

要点：
前脚回收迅速，虚点地面，上体正直，支撑要稳。

易犯错误及纠正方法：
上体前倾，突臀，虚实不明。可多练习收步和进步的组合步法，强调上体保持正直。

作用：

防守对方以腿法攻击下盘部位，如低蹬腿、低踹、弹腿、低横踢或勾踢腿等。（图 403）

图 403

（2）后闪

重心后移，上体略后仰闪躲。（图 404）

图 404

要点：

后闪时下颏收紧，闭嘴合齿，后闪幅度不宜过大，重心落于后腿。

易犯错误及纠正方法：

头部后仰，挺肚。可面对镜子多做模仿练习。

用法：

防守对方拳法攻击上盘部位，为以腿法反击做准备，因此常常配合前蹬腿做防守反击练习。（图 405）

图 405

（3）侧闪

两膝微屈，俯身，上体向左侧或右侧闪躲。（图 406）

要点：

上体要含缩，侧身不转头，目视对方。

易犯错误及纠正方法：

身体向侧横移过多，歪头。纠正时两人配合练习，一人以冲拳从正面攻击头部，一个练习侧闪防守，互相检查动作姿势。

图 406

用法：

向侧闪躲对方用手法下面攻击上盘部位，左右冲拳等。（图 407）

图 407

（4）下躲闪

屈膝，沉胯，重心下降，缩颈，弧形向下躲闪，两手紧护胸部。（图 408）

图 408

要点：

下躲闪时，膝关节、髋关节和颈部要同时弯曲、收缩，目视对手。

易犯错误及纠正方法：

只低头不屈膝，或只屈膝不含胸、沉胯，不缩颈。可面对镜子或同伴帮助以掼拳进攻，反复体会正确姿势。

用法：

防守对方手或腿法横向攻击头部，如左右掼拳、高横踢腿等。（图 409）

图 409

（5）跳闪

两脚蹬地使身体向后、向左或向右跳闪。（图 410、图 411）

要点：

跳闪时，整体移动不能松懈；向左跳闪上体微右转，向右跳闪上体微左转，眼睛始终盯着对手。

易犯错误及纠正方法：

跳闪前先松胯，动作不整，迟缓。可多做跳绳闪躲，开始跳闪幅度小一些，强调腹背肌保持适度的紧张。

图 410

图 411

用法：

在未清楚对方的进攻意图或应急防守时，为反击寻找适宜的位置和时机。

（6）提膝

后膝微屈独立支撑，前腿屈膝提起。（图 412）

图 412

要点：

重心后移，提腿迅速，根据对方腿法进攻的路线、方位，膝关节分别有里合、外摆或垂直向外的变化。

易犯错误及纠正方法：

身体前倾，支撑不稳。可多做快速提膝平衡后静止的练习。

用法：

防守对方正面或横向腿法攻击下盘部位。如低踹腿、弹腿、低横打和勾踢腿等，若对方的腿法攻击的是大腿或腰腹部，则可用小腿阻挡，做成接触防守。（图 413、图 414）

图 413

图 414

二、防守技术的训练方法

防守技术是散手技术体系中不可缺少的内容。防守技术运用得好，一则能保护自己，二则能减少输分，为反攻提供有效的保证。而科学的练习步骤与方法又是掌握防守技术的重要条件。

1. 个人模仿练习

在教师讲解示范或个人自学教材之后，首先个人应模仿体会动作。有条件的可面对镜子或与同伴配合，边做边检查，使开始就建立正确的动作。

2. 假设性练习

自己想象对手的进攻。练习相应的防守动作，经过反复强化，建立正确的条件反射，形成巩固的动力定型。

3. 不接触的攻防练习

在教师或同伴的帮助下，以规定进攻动作为信号，间隔一定距离，不接触身体，自己根据信号作出相应的防守动作。这种方法的优点在于可消除练习者的害怕心理，降低紧张情绪，既保证动作质量，又能提高反应能力。

4. 接触的攻防练习

两人一组，一方进攻，另一方防守，互相接触，进一步提高防守的实效性。进攻一方用力的大小，速度的快慢以及运用方法的简繁等都要根据练习者的实际能力来控制。两人练习可以采用原地和移动的两种，原地练习可以节省体力，增加练习密度，而移动性的练习可以兼练习步法，判断距离，更加符合实战。

5. 进攻与防守反击练习

专门性练习防守，在训练的初级阶段是非常重要的。但到了基本掌握动作之后，应尽量把防守与反击结合起来，避免形成单纯的消极防守而被动打法。防守是途径，反击是目的。

6. 实战练习

实战是双方在紧张、激烈和瞬息万变的情况下运用方法、提高技术，不仅要求练习者要有娴熟的技术，更需有灵活多变的战略技术，所以实战检验和提高自己防守能力的重要方法。

第七节　防守反击

防守反击技术是武术散打技术中的一种主要技术，是在练习者掌握了进攻技术与防守技术的基础上进行的，是一种复合技术。在比赛或实战训练中，运动员在防守的同时不失时机的反击对手，或者在进攻对方的同时，做出相应的防守再予以反击，才能在比赛中变被动为主动，时刻控制比赛的节奏。

防守反击技术运用得成功与否，除正确、熟练的掌握防守与进攻技术使其达到自动化程度外，还要把握防守反击的时机和培养防守反击的意识。防守反击的时机主要有：一是在对手将要进攻或已暴露意图，但未出击动作之前。二是在对手进攻落空尚未转入到防守的瞬间；防守反击的意识的培养首先要克服心理上的不利因素，有的运动员在实战时缺乏自信心，使用方法犹豫不决，往往错过了反击的最佳时机；也有的运动员由于胆怯、畏惧对手的进攻，消极逃避、一味退闪等，都需在训练中加以克服。

在比赛或实战训练中，防守反击技术的一般形式有以下三种：一是先防守后反击；二是防守的同时反击；三是以攻代防。以下将从拳的防反、腿的防反、手加腿的防反和加摔的防反四个方面，用组合技术的形式对防守反击技术的教学加以诠释。

一、拳的防守反击

（一）后手拍挡——前直拳

动作要领：对手以前手直拳进攻我头部，我采用右手拍击防守，左直拳随之进攻对手头部的反击。

动作要点：拍击不宜过早，动作要短促有力，反击要快速。

（二）前手拍压防——后手掼拳

动作要领：从预备姿势开始，对手用右直拳进攻我腹部，我前手向下拍压防守，随后用后手掼拳向对方头部反击。

动作要点：拍压防守与进攻动作尽量同时完成。

（三）左侧闪——前直拳

动作要领：从预备姿势开始，对手用直拳进攻我头部，我向左侧闪，同时出左直拳攻击对方头部。

动作要点：侧闪与进攻要协调一致，同时完成。

二、腿的防守反击

（一）前腿提膝——后鞭腿

动作要领：从预备姿势开始，对方用前低鞭腿进攻我前小腿，我迅速提膝防守，随后用后鞭腿进攻对方腰背部。

动作要点：提膝防守要及时。快速，反击要快。

（二）前膝提膝——前侧踹

动作要领：从预备姿势开始，对手用低踹腿进攻我前腿，我提膝防守阻挡，随后脚落地，用侧踹腿攻击对方胸腹部。

动作要点：提膝要及时，连接侧踹动作要连贯，有力。

（三）换跳步——后低鞭腿

动作要领：从预备姿势开始，对手用前腿低鞭腿攻击我前小腿，我采用换跳步躲过对方攻击腿，同时用后低鞭腿反击对方大腿。

动作要点：换跳步与攻击动作要同时完成。

三、手加腿的防守反击

（一）前手外挂——后腿鞭腿

动作要领：从预备姿势开始，对方用后鞭腿攻击我肋部，我用前手向外做挂防，随后鞭腿攻击对方的胸腹部。

动作要点：挂防有力，动作转换要快。

（二）前腿提膝——后直拳——前低鞭腿

动作要领：从预备姿势开始，对方用前低鞭腿攻击我前小腿，我提膝防守后，用后手直拳进攻对方头部，然后用前低鞭腿攻击对方小腿部。

动作要点：提膝防守判断要准，反击的组合技术要连贯有力。

（三）前手下拍压——后手直拳——后正蹬腿

动作要领：从预备姿势开始，对方用侧踹腿进攻我胸部，我用前手臂向下拍压防守，随后用后直拳攻其面部，用正蹬腿攻其胸部。

动作要点：拍压要有力，直拳与正踹要连贯。

四、加摔的防反

（一）拍击——下潜——抱腿摔

动作要领：从预备姿势开始，对方以左右直拳向我进攻，我用右手拍击防守对方直拳，随即下潜防守对方右拳，同时抱对方腿部，将其摔倒。

动作要点：判断要准确，下潜与抱腿要同时完成。

（二）格架防——夹颈过背摔（见摔法）

（三）抄抱鞭腿——压颈勾踢（见摔法）

第八节　攻中反击

“攻中反击”也称“反反击”，是散打技术中的一种关键技术，是现代散打运动员必须具备的一种重要技能，它是在积极主动的进攻对方的过程中，能够根据对方的反击动作，再伺机反攻对方的一种打法。体现出了第一击和最后一击的攻击技巧，以攻取最佳得分效果。在激烈的散打比赛或实战训练中，双方始终贯穿着发挥与反发挥、制约与反制约的剧烈争夺，攻防转换极快。如你进攻对方，对方势必反击你，如果你不能避开或化解对方的反击就不能得分。所以必须再反击对方，才有可能得分，这样就摒弃了单一的“进攻型”或“防守反击”型打法，才能在激烈的对抗条件下达到“制人而不制于人”的目的，因此，提高“攻中反击”能力对运动员提高技术水平有着至关重要的作用。

在比赛或实战训练中，运动员运用“攻中反击”的技术过程，是一种极快的反射形式，是在极短的时间内完成的。散打运动员“攻中反击”能力的提高和培养应是教学训练的一项主要任务，必须运用各种切实可行的教学手段和练习方法，有计划、有目的地精心培养。

以下便例举两种常见的“攻中反击”技术加以说明。

（一）左直拳——拍击防——右直拳——下潜——抱腿摔

动作说明：从预备姿势开始，出左直拳进攻对方头部，对手左手拍击防守后用右直拳反击我头部，我则迅速下潜躲闪防守，用抱腿摔技术再反击对方。

（二）左正蹬——后退闪——左侧踹——外挂防——右直拳

动作说明：从预备姿势开始，我以左正蹬腿进攻对方胸腹部，对方采用后退

躲闪后，随即起左腿侧踹腿反击我胸部，我则采用外挂防住对方侧踹腿后，再以右直拳反击对方头面部。

第九节　专门辅助练习的内容与方法

在散手的教学和训练中，为提高和加强攻防格斗的技术水平以及身体的抗击能力，需进行一些辅助性练习，以便适应激烈的实战对抗。辅助练习是散手运动必不可少的基本内容。本节主要介绍击靶和抗击能力的练习方法。

一、击靶练习

击靶练习在散手训练中是十分重要的技术和训练手段。通过击打固定靶（沙袋）和移动靶，可练习多角度的攻击技术，检验进攻技术动作的规范程度。击靶能保证练习者最大能量的击出从而提高攻击效力和击打的功力。

击靶的动作技术，是按照拳法、腿法等各种技术的动作要领完成，要求拳脚与靶的接触面要正确，把握好击靶节奏。根据训练的目的和个人的能力，可采用单个动作和组合动作击靶练习。

1. 击固定靶（也称死靶）练习

固定靶：悬吊不同重量的沙袋、吊球或吊袋、拳击训练用的梨球，固定不变的手、脚靶，武术的传统形式在墙壁上装钉上草纸，俗称“打千层纸”等。

练习方法：①运用各种拳法和腿法单击或组合动作击打沙袋或千层纸（图 415、图 416）。以此提高拳腿的攻击力量和速度，体验击打实体时的肌肉感觉。②运用各种拳法腿法击打吊球或吊袋（图 418、图 419），以此提高拳腿的攻击速度和准确性，并通过吊球的摆动规律，练习躲闪和寻找出击的准确时机。

图 415

图 416

2. 击移动靶（也称活靶）练习

移动靶：由教练员或指定一人带好手靶或脚靶（也可用拳套代替），举放在不同的部位，作为练习者的击打目标。

练习方法：①一方在相对固定的部位举示手靶（脚靶），练习者通过步法移动调整适当的距离，以拳或脚击打手、脚靶。动作技术可用单击、重击、连击等方法，以此提高拳腿的速度和力量。②一方持手、脚靶，根据训练的目的，随机举靶于不同部位，通常称这种方法为喂靶。练习时靶喂到哪儿，练习者就以拳或脚打哪儿，并根据靶的高低、靶面的方向角度变化使用相应的拳法和腿法进攻击打。以此提高练习者出击的快速反应和拳腿的变化组合能力，以及击打的准确性。

击移动靶的练习形式，见图 417~图 436。

图 417（左直拳）

图 418（右直拳）

图 419（左鞭拳）

图 420（摆拳）

图 421（右上勾拳）

图 422（左上勾拳）

图 423（左平勾拳）

图 424（右平勾拳）

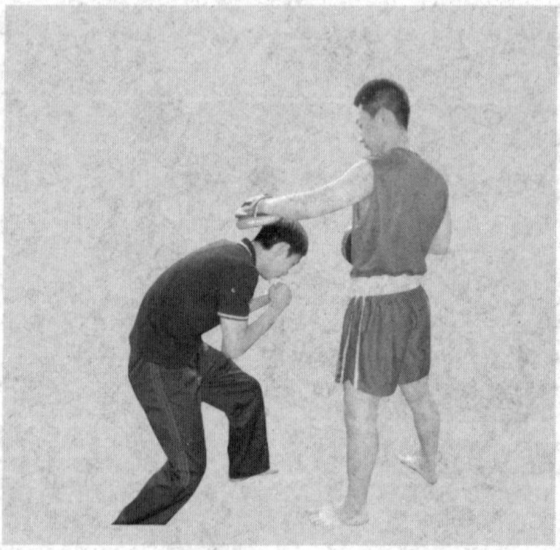

图 425（下潜闪）

图 426（接右直拳）

图 427（右正弹腿）

图 428（左正弹腿）

图 429（后撩腿）

图 430（后撩腿）

图 431（横摆腿）

图 432（右侧踹）

图 433（左侧踹）

图 434（正蹬腿）

图 435（右横弹腿）

图 436（左横弹腿）

二、抗击能力练习

所谓抗击能力，就是人的机体各组织对外界击打的承受能力。在激烈的散手实战对抗中被对方击中是不可避免的。如没有较强的抗击打能力，会导致技术失调、体力下降，神经紊乱，而失去作战能力。因此在平时训练中应当注意抗击能力的培养和训练。

抗击能力是通过承受不同的击打次数、重量而使身体各部位的适用能力逐渐增强。训练中要注意掌握击打的力量强度，不可操之过急。要循序渐进，讲究科学性。抗击能力的练习包括多方面内容。主要是加强头部、躯干、四肢等部位的抗击承受能力。通过练习提高机体承受对方重拳、重腿的攻击能力，防止运动损伤。

1. 头部抗击练习：一方戴拳击手套，用直拳、摆拳、勾拳等拳法击打对方头部面部，被击者牙齿紧闭，不要躲闪，不要闭眼，击打要由轻到重，逐渐增加击打次数，身体不适，应停止练习。

2. 上肢抗击能力练习：①双方相对一臂站立，两手握拳，身体左转，右前臂内旋在腹前相靠，接上动右臂弧形上举外旋在面前相靠，然后接着弧形下落在腹前相靠。连靠三次，交换左臂，动作相同，方向相反（图437~图439）。②双方相对站立，两脚左右开立，左脚在前，双方上体相距半米左右。然后两人左肩后撤，再向前撞击，两肩及上臂在体前相撞（图440、图441）。撞击力度由轻到重，右肩臂撞击同左肩臂，唯方向相反。

图437

图438

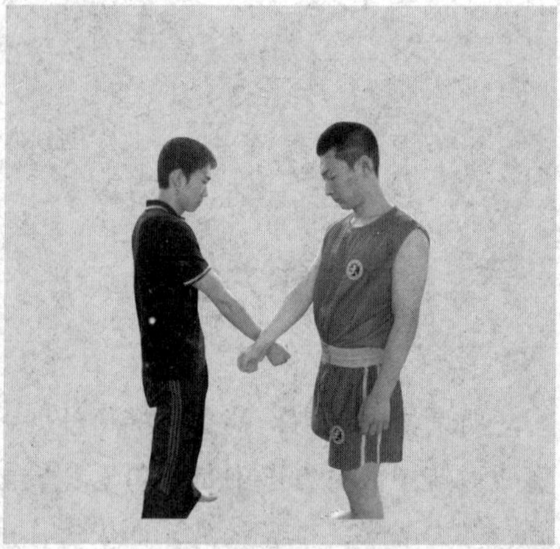

图439

图 440

图 441

3. 躯干抗击练习：①一方戴拳击手套，用直拳、勾拳等击打对方胸腹部。被击者两腿开立，重心稍降低，气沉丹田，受击时向外鼓气（图 442、图 443）。击打重量由轻到重，逐渐加力。击打次数视被击者实际情况而定，逐渐增加。②双方相对开步半蹲，一方两臂屈臂上举，气沉丹田。另一方用前臂从外向里击打对方两肋部。击打力度由轻到重，两侧交替进行。当抗击能力增强些，可采用横弹腿轻击对方肋部。击打者脚背要绷平伸直（图 444~图 446）。③一方开步半蹲站立，收腹含胸，稍躬背，另一方用前臂砸击对方背部。抗击能力增强，可采用横弹腿击打对方背部（图 447、图 448）。击打力度次数要逐渐增加。

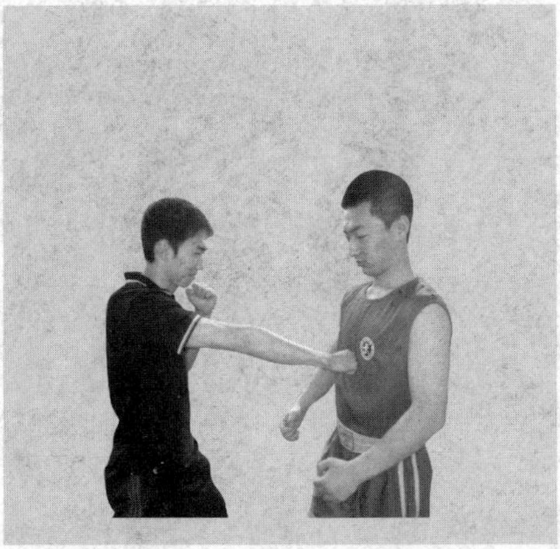

图 442

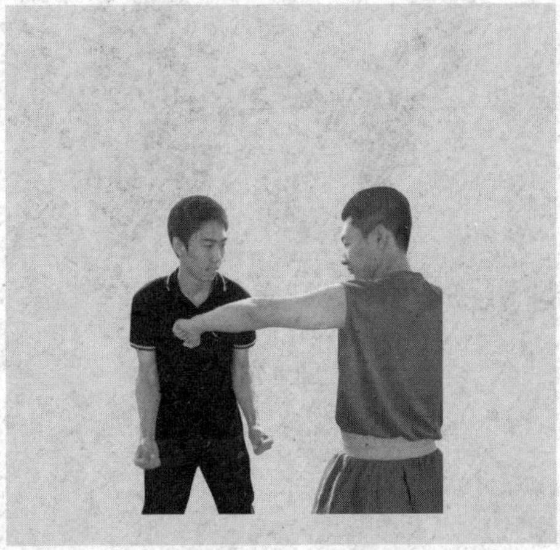

图 443

图 444

图 445

图 446

图 447

图 448

4. 下肢抗击能力练习：①两人搭臂相扶，同时左腿前抬，膝关节伸直，向右侧摆动，小腿内侧相撞。然后绕摆至右侧，再向回摆动。小腿外侧相撞（图 449、图 450）。右腿同左腿相同。②一方弓步站立，另一方用脚底踹击对方大腿前部肌肉（图 451）。受击者保持肌肉紧张，踹击者不要用脚跟，力度由轻到重。③一方弓步站立，另一方用低横弹腿以脚背弹击对方大腿内、外、后侧（图 452）。受击者站稳脚跟，肌肉保持紧张。踢击者用力要均匀，由轻至重，由慢到快，逐渐增加次数。

图 449

图 450

图 451

图 452

5. 膝、肘、脚的抗击能力练习：

①膝、肘在散手格斗的防守中具有重要的作用，其抗击能力的练习主要采用击打重沙袋等方法（图 453~图 456）。

图 453

图 454

图 455

图 456

②脚的抗击能力练习，主要是提高脚掌的攻击强度，防止挫伤。其方法可采用踹击树干、硬沙袋等（图 457~图 459）。

图 457

图 458

图 459

第五章　散打运动训练的基本原则

散打运动训练的基本原则，是根据散打运动训练活动的客观规律确定的组织训练所必须遵循的基本原则，是散打运动训练活动客观规律的反映，对散打运动训练实践具有根本性的指导意义。散打运动训练的客观规律，是指散打运动训练系统内部各构成因素之间，以及它们与系统外部各相关因素之间，在结构和功能上的本质联系和发展的必然趋势。这些本质和必然的联系在散打运动训练过程中不断地重复出现，在一定条件下影响或决定着散打运动训练的过程。

散打运动训练是不以人们主观意志为转移的客观存在。散打运动训练规律中具有普遍意义的基本规律，又称为散打运动训练原理。散打运动训练活动的组织者和参与者都应该深刻理解和认识其运动训练规律，严格遵循散打训练规律去组织运动训练活动，才有可能取得良好的训练效果和优异的竞赛成绩。任何违背散打运动训练规律的认识和实践，都必然会受到散打运动训练规律的惩罚。

指导散打运动训练实践的基本训练原则，主要有从实战出发原则、动机激励原则、直观性原则、系统性原则、周期性原则、适宜负荷原则、适时恢复原则、区别对待原则、有效控制原则。

第一节　从实战出发原则

一、从实战出发原则释义

散打运动本身就是竞赛双方搏击的对抗性项目，因此，在运动训练过程中，每一个基本动作都要从实战的需要去考虑，而且要在实战中经受检验，一切不符合实战要求的花架子都应予以剔除。例如，双手在实战中的位置，一般应一只手放在胸部前方，另一只手放在颏下，但有些运动员在平时训练时还能保持这种姿态，一临实战，就顾及不到手的位置而松垂下来，这样很容易被对手抓空击打胸部。这时就应该总结训练或比赛等实战中被击中的原因，加强和提高实战防守姿势练习，建立切合实际和正确的动作定型。为了适应中午或晚上比赛，还要安排这一时段的训练。有时为了适应一天多场比赛的需要，在短时期内也应该对应地安排一天多次的训练活动。

从实战出发原则，是指依据提高散打运动员竞技能力及其运动成绩的需要，从实战出发，科学划分训练的阶段及安排训练的内容、方法、手段和负荷等因素的需要，从而提高运动训练的专项针对性、实战性和实效性，争取获得教练员和运动员都满意的竞技比赛结果。

二、从实战出发原则的科学依据

（一）散打运动训练目标和任务的导向性

目标和任务是相伴而生的，目标达到了，任务也就完成了。目标是人们行为的终点，它为散打运动训练过程指明了方向。散打的一切训练活动都应该服务于既定的目标和任务，从而在比赛中实现预期的成绩。因此，所有散打运动训练的内容、方法和手段的选择，训练负荷的量和强度，以及节奏的安排都应该以成功完成比赛为中心而组织实施，否则就会迷失训练的方向而遭受失败的痛苦。

（二）散打实战需要的特异性

散打运动项目有着实战的特异性，这就要求运动员具独特的实战竞技能力结构。实战竞技能力结构包括体能、技能、战术能力、心理能力和运动智能等。它们在散打运动中的作用是不同的。散打运动员的身体形态、身体素质、技术、战术、心理和智能在训练和比赛中起着决定性的作用，而身体的机能同

样起着重要作用。因此，必须全面、深入地认识和理解实战竞技能力结构的特异性，才能做到准确地选择与实战竞技需要相匹配的训练内容、手段，以及制定相应的运动负荷安排，从而有效地组织训练过程。针对散打实战竞技需要科学组织训练，能够明显提高运动训练的工作效率，使教练员和运动员付出的艰辛劳动和汗水，在实战竞技比赛中得到充分地回报。如果对散打实战竞技的需要考虑得不够准确或者不够充分，将会给训练工作带来很大的盲目性，往往事倍功半，虽花费巨大的人力、物力和财务，但不能如愿以偿地取得训练效果和比赛成绩。

（三）散打训练进一步专项化的发展趋势

随着现代运动竞赛的激烈性、对抗性和竞争性日益发展，迫使教练员和运动员将提高散打比赛能力和为提高这一能力的训练放在首要位置，散打运动训练的内容、方法、手段以及量和强度都表现出鲜明的专项化。儿童少年的早期基础阶段的训练也应以将来高水平实战的需要为导向，为高水平实战竞技阶段的训练和参加比赛奠定坚实的基础。因此，要将早期基础阶段的训练同优秀运动员的训练有机地衔接起来，从而适应现代散打运动训练和比赛的专项化、实战化等日趋发展的需要。

三、贯彻从实战出发原则的训练学要点

（一）在安排训练和竞赛时要以基本目标为导向

散打运动训练的基本目标全面而集中地反映了实战的需要，是组织好运动训练的至关重要的依据。因此，在制定专项运动训练计划时，教练员应该对运动员的客观现实情况作出科学地分析和诊断，对运动员的训练条件进行全面合理的探讨和研究，对运动员的身体发育潜力和训练潜力作出客观地评价，从而进一步确定经过艰苦努力并有较大概率可能实现的训练目标，而后，据此科学地安排好运动训练和比赛工作，这样才有可能取得良好的比赛成绩。

(二) 正确分析散打实战竞技能力结构特点

散打项目具有特异性，这一特异性决定了其实战竞技能力结构同其他运动项目的差异性。只有对散打运动项目的特性作出科学地分析和判断，才可能选择适宜的训练内容、方法和手段。由于散打运动训练必须从实战出发，因此，准确分析运动员竞技能力中哪些因素在比赛中起着决定性作用十分必要。对散打实战竞技特异性和运动员实战竞技能力的结构因素进行科学地分析和判断，是教练员确定运动训练内容、方法、手段以及负荷的重要依据。

(三) 依据从实战出发原则确定负荷内容和训练手段

按照从实战出发原则的要求，散打运动员的竞技能力的主要构成因素和其自身的具体情况，决定了运动训练负荷内容和手段的选择。由于对抗性的技击内容是散打的基本特征，因此，比赛双方运动员无固定的动作顺序，而是以对手技击动作随机转移，互相指向对方的薄弱环节而斗智较技。它不仅要求运动员必须熟练地掌握散打的基本技术和基本战术，具备良好的身体素质和身体形态，还要有敏捷的应变能力和稳定的心理状态，所以，教练员要根据这些条件来确定和安排运动员训练负荷的内容和手段。

(四) 注意运动训练负荷内容的合理结构

运动员竞技能力的构成具有明显的规律性。从总体上讲，负荷内容由发展体能的练习、发展技能和战术能力的练习、发展心理能力和智能的练习组合构成。确定不同负荷的比例要考虑运动员的年龄、训练水平、运动训练过程中的不同阶段，以及运动项目的特质性等因素。因此，散打运动要求运动员具有大量的技术储备，并且在竞争双方不断变换技战术的比赛中，能够保持良好的心理和体能的稳定性，以及敏捷的反应能力。同时，对于不同的运动员，还要求依据其自身实战能力特点和对手的特点，安排好心理和智能训练的内容和手段。只有这样才能真正体现从实战出发的原则，取得优异的训练效果和比赛成绩。

第二节 动机激励原则

一、动机激励原则释义

动机激励原则是指通过多种方法和途径，激发运动员主动从事运动训练的动机和行为的训练原则。遵循这一原则，可启发运动员产生更高的训练积极性和主动性，培养独立思考的能力、创造能力和自我调控能力，促使其以最大的动力，高质量、高效率地完成运动训练任务。为此，首先必须明确散打运动训练的目的是为了增强人民体质，培养勇敢顽强富于拼搏的精神和防身自卫的技能，提高运动技术水平。通过国际比赛，进行国际交往，发展与世界各国武术界朋友的友谊，增强各国人民的相互了解。

二、动机激励原则的科学依据

(一) 成功动机是运动员参加运动训练的重要原动力

动机是指推动人们从事某种活动的内部动力。人们都是怀着对未来的美好愿望参加某项活动的，渴望成功的动机给人们以鼓舞和激励，使他们能够自觉地、积极地投身于其中。对于散打运动这一需要参与者付出巨大努力，但最后结果又充满不确定性的项目来说，只有激发运动员强烈的训练动机和成功动机，才能够吸引众多的青少年自觉地投身于散打运动训练和比赛之中，并为之奋斗和奉献。

(二) 运动训练长期性和艰苦性的要求

现代高水平散打运动训练，要求运动员坚持多年系统的刻苦训练，承受巨大的心理和生理负荷。并且，在多年运动训练过程中，运动员还会不断地受到内外环境多种因素的干扰，包括伤病的发生、竞技水平发展暂时的停滞、对比赛成功的自满、运动员之间以及与教练员关系的不协调，以及其他各种社会的、心理的和生理的问题的出现，都会使运动员感到困惑、焦虑、紧张、压抑，降低信心，失去原有的兴趣和激情。因此，教练员和其他相关教辅人员，就需要从运动员自身和外部不断地激励他们保持良好的动机，始终对自己所从事的训练和比赛的前景充满信心和自豪，使他们不断地感受到运动训练、比赛阶段性成功的喜悦，并继续树立新的训练和比赛目标。只有如此，运动员才能够自觉地从事日复一日，年复一年的艰苦、乏味、单调的运动训练，并从中得到心理和物质的满足，一步步地向竞技运动生涯的巅峰前进。

三、贯彻动机激励原则的训练学要点

（一）加强散打运动员训练目的性和正确价值观教育

教练员应注意通过各种心理学和教育学的理论、方法和手段，对运动员进行运动训练目的性教育和培养，使他们逐步树立起自觉和积极地从事运动训练的态度和动机，并真正认识到获取优异运动成绩对祖国、人民、家庭以及个人的重要性及其巨大的社会价值，使自身价值和社会价值、自身利益和社会利益相统一、相协调，从而获取鼓舞和激励，将自身原始的激情完全投入到运动训练和比赛之中。

（二）满足运动员的合理需求

教练员及相关教辅人员要真诚地关心运动员的生活和健康，合理地安排好他们的衣食住行，为他们创造良好、宽松的人际关系和社会环境，并尽可能使运动员在人身安全和人格尊严上得到必要的保障和满足。要引导运动员形成“自我实现”的更高层次需求，促使他们从心理和生理上产生积极和主动地从事运动训练和参赛的激情。

（三）激发运动员从事运动训练的情趣

教练员应该采用符合不同年龄运动员个性心理和生理特征的手段，激发其参加运动训练的情趣。儿童少年时期，散打运动训练的内容、手段和方法多采用游戏和玩耍，进行全面的身体素质、心理素质的训练，青少年时期应多从心理素质、基本技术、基本战术和身体素质等进行全方位的训练，使他们的专项水平达到一个较高程度，为其以后的发展打下坚实的基础。

（四）发挥运动员在运动训练中的主体作用

教练员应使运动员了解和明白训练的目的、意义、任务、要求和安排，并让运动员在一定程度上参与运动训练计划的制定和运动训练的组织。只有如此，运动员才能由被动式训练转变为主动式训练。同时，教练员要注意有意识地培养运动员的独立思考能力和创新能力，提高他们在各种复杂的训练和比赛环境，以及社会条件下较好地控制和调节思想、心理、行为和技术动作的能力，从而获取较好的运动训练效果。

（五）教练员应充分树立自身的榜样作用

教练员应特别注意自身的言谈举止，要循循善诱地说服和教育运动员，要树立宽厚大度、知识渊博、技术精湛的高水平教练员的形象。另外，要注意克服教育运动员时态度的简单和粗暴，应通过自己的知识、能力和表率作用，以及各种有效的训练方法和手段，获取优异运动成绩来确立自己的权威，从而获得运动员的信赖，并使运动员怀有更大的对运动训练和比赛成功的愿望。

（六）合理而正确地运用各种动力

教练员应该合理而正确地运用精神、物质和信息这三种动力，互相补充、扬长避短，取得理想的效果。要正确地认识和处理好个体动力与集体动力的关系，使个体动力在大方向基本一致的情况下得到充分的发展，以获取更大的集体动力总量。

第三节　直观性原则

一、直观性原则释义

在运动训练过程中，教练员通过运用多种直观手段，激发运动员的视觉、听觉、触觉等多种感觉器官，使运动员大脑形象思维活跃，建立起技战术结构的表象，获取感性认识，从而提高专项运动知识、技术和战术。

二、直观性原则的科学依据

（一）认识过程的普遍规律

直观性原则主要是依据人们认识事物的规律确立的。人们对事物正确认识的形成，都要经历从生动直观到抽象思维、从感性认识到理性认识的过程。散打运动员在学习和掌握动作的过程中，一般都是沿着直观（具体、生动的思维）→实践（建立动作表象）→建立概念（形成抽象思维）→学会和掌握动作技能的思维认识程序进行的。

（二）运动动作技能形成原理

散打运动动作技能的形成与其他竞技技能的形成发展一样，都有其内在的联系和自身的体系，反映着散打运动训练这一事物由低级到高级、由易到难、由简到繁的发展规律。在散打动作技能形成的全过程中，特别是在运动训练的初级阶段，运动员通过视觉器官在运动训练过程中，所获取的有关各种理论和技术等丰富信息，会在很大程度上促进动作技能的形成。

三、贯彻直观性原则的训练学要点

（一）正确的讲解与示范

就是使运动员通过听觉、视觉和触觉的直观感性认识，获得专项技战术正确要领的基本手段和方法。另外，还可通过技术图片、图表和幻灯、电影、录像等电化手段，进一步从不同的技术侧重点和技术细节观摩和学习。此外，要注重不同的技术风格特点及战略战术在实践中的应用，仅凭教练员的讲解示范是不够的，还需要通过观摩和分析技术录像、电影才能获得正确的完整动作概念。

除此之外，教练员还可通过观摩练习、正误对比、参观比赛等方式分析技术，使运动员能够分辨动作的正确与错误、长处与短处，以帮助他们从不同角度不断完善正确的专项技战术概念。

（二）想方设法提高运动员对学习和训练的兴趣

武术的基本功和散打的基本动作、基本战术的运动训练是长期和艰苦的，有时甚至是枯燥的。但是，为了圆满完成运动训练任务，教练员在训练内容、手段和方法上应避免千篇一律，应采取生动活泼、形式多样的训练方式。只有如此，才能引起运动员的兴趣。例如，训练头部闪躲技术，既可由教练员（助手）戴手套冲击运动员头部，也可用排球等投击。用排球等投击时，距离可远可近，利用这种方法可克服散打运动员怕打的心理，比单纯地用拳击打头部更容易提高兴趣。对于需要多次重复的练习，如打、踢沙包，可以在运动员之间采取互相比赛的形式，计算在规定时间内的踢打次数，激起他们的斗志和训练情绪。

（三）调动运动员参与训练的主动性

对于高水平的散打运动员，要让他们参与运动训练计划的制定，使其明确地了解要达到训练目标需要付出努力，必须作出刻苦学习和运动训练的思想准备。还应使他们知道每周、每次课的内容和要求，启发他们如何与教练员协调配合共同完成学习和训练任务。对于少年散打运动员，更要注意启发式的讲解示范，培养他们勤于思考，并多鼓励、多采用比赛形式组织练习，使他们自始至终在生动活泼的气氛中完成训练计划。这对调动他们的学习和训练的积极性、主动性有着重要作用。

（四）在运动训练的不同阶段运用不同的直观手段

在开始学习动作和纠正错误动作时，运动员的听觉和视觉的直观作用比较明显。当运动员初步学会了动作，进行反复练习提高时，就要运用肌肉本体感觉的直观手段。当他们基本掌握动作，进一步巩固提高时，可较多地运用传递信息的手段，如学习前蹬腿动作，通过讲解示范，使运动员初步学会这个动作。当他们反复练习这个动作时，最容易出现不送髋的毛病，此时可以让他们重点体会挺髋的肌肉本体感觉。当运动员已经基本掌握这个动作，需进一步提高动作劲力时，如再出现同样的错误，就可以运用口令、手势和各种传递信息的手段，引起运动员注意而加以改正。

（五）运动直观手段要适合散打运动员的特点和水平

对不同年龄和水平的散打运动员，采用直观手段的多少和深浅程度应有所不同。例如，对水平较高的运动员，可以采用局部技术示范，重点讲解，看电影、录像时多分析和比较。而对新手和少年运动员应该精讲多练，多示范，语言要浅显易懂，示范时要完整与分解相结合，还可通过图表、幻灯和录像等直观手段，使他们能够对动作有全面的理解和掌握。

（六）直观手段同启发积极思维结合起来

各种直观手段的运用，一般只能建立起动作的表象。要掌握动作，形成正确的技术概念，达到理性认识，还必须通过积极的思维。因为感觉到的东西我们并不能立刻理解它，只有理解的东西才能深刻地感觉到。要理解就要思维。所以在运用各种直观手段时，教练员要善于启发运动员积极思维，通过分析、对比、提问，加深对散打基本技战术的理解，再经过反复练习，从而达到掌握和提高技战术的纯熟程度和效用。

第四节　系统性原则

一、系统性原则释义

系统性原则是指持续地、循序渐进地组织运动训练过程的训练原则。此原则的确立与运动训练过程的连续性和阶段性的基本特征密切相关。它一方面指出运动员在一般情况下，必须循序渐进地而不是突变式地增加运动训练负荷，才能取得理想的训练效果。另一方面也指出了运动员只有经过长时期、持续地训练，才有可能攀登运动的高峰。

二、系统性原则的科学依据

（一）机体生物适应的阶段性

人体在散打运动训练负荷下的生物适应过程，不仅是长期的，而且也是阶段性的。运动员的机体对一次适宜散打训练负荷的反应，可分为工作、疲劳、恢复、超量恢复和训练效应消失等几个阶段（图1）。

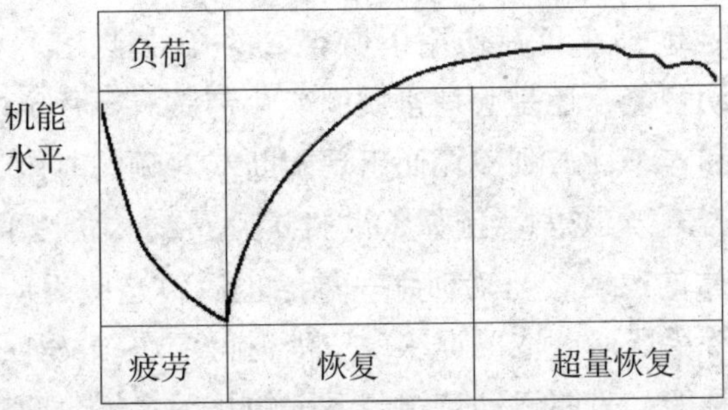

图1　机体负荷的应激反应（依雅可夫列夫，转引自田麦久）

在较长时间跨度内，如几个月至一年的训练过程中，散打运动员的机能能力变化同样经历着不同的阶段，这就是散打运动竞技状态的形成、保持和消失三个阶段。

为了在重大的散打比赛中创造优异成绩，教练员和运动员总是力求共同协作，通过科学的训练和安排，从心理和生理上作好充分的准备，将自己在运动训练中获取的竞技能力最充分地发挥出来，创造优异的成绩。运动员参赛的准备状态，叫做竞技状态。运动员是不可能始终处于最佳竞技状态的。在机体高度紧张动员之后，必然要进入一个调整阶段，以便在生理和心理上得到充分的恢复，而后重新动员起来进入新的运动训练阶段。散打运动员必须多次经历这一过程，才能够一步步走向竞技运动的巅峰。

（二）机体生物适应的长期性

系统的持续训练是取得理想运动训练效应的必要条件。散打运动员的机体对训练负荷的生物适应，必须通过机体自身的各个系统、各个器官和各部肌肉的变化逐步实现。散打运动员的竞技能力是多种能力的综合表现，它不仅涉及生理、心理等各个方面的因素，而且还受先天和后天因素的影响。因为，散打运动员身体机能的适应性改造，包括中枢神经系统功能的改造，都不是短期内所能奏效的。所以，散打运动训练要想提高运动员的竞技能力，必须通过运动员身体内部的适应性改造才能实现。然而，要使运动员在生物学方面发生良好的变化，则需要较长时间艰苦的专项训练后才能获得。

（三）训练效应的不稳定性

散打运动员在运动训练负荷作用下所获取的竞技能力，无论是体能、技能、战术能力、运动智能，还是心理素质的变化都具有不稳定的特点。当散打运动训练的系统性和连续性遭到破坏而出现间断或停顿的时候，已获取的训练效应也会消退，甚至完全丧失。例如，散打运动员的体能变化主要表现为速度、力量和耐力素质的改变，运动训练一旦停止后，这些运动能力消退较快，特别是经过强化训练手段所获取的训练效应消退得更快。又如，在散打运动训练中所获得的良好技能，表明运动员神经系统的相关中枢之间建立了良好的暂时联系，这种神经联系可支配运动器官完成相应的攻防动作。只有经过长时间

反复地强化这种暂时联系，才能够使动作的各个环节协调配合并避免技能的逐渐消退，如果中断训练，中枢神经系统对肢体精确运动动力定型遭到破坏。为了避免散打运动技能、体能的消退，克服训练效应的不稳定性，必须在训练效应产生并保持一定时间的基础上重复给予刺激，使专项训练的效应得到强化和积累，并且使运动技能得到不断地完善和发展。因此，要想获取理想的散打运动训练效果，有效地发展运动员的体能、技能、战术能力、运动智能，以及心理能力，就一定要保持专项训练过程的连续性，使运动员系统地、不间断地参加运动训练。

三、贯彻系统性原则的训练学要点

(一) 保持散打运动训练的系统性

1. 健全多级运动训练体制

散打运动员多年系统的训练活动，一定要有健全的训练体制作保障。尽管不同国家的竞技运动训练体制各不相同，但它们都着眼于保证运动员多年系统训练的运作。目前现行中小学课外训练、业余体校和竞技运动学校训练，以及优秀运动队的训练的三级训练体制，它们各自担负着多年训练过程中不同阶段的训练任务。在散打运动训练体制走向三级运动体制的过程中，需进一步完善。

为了保证组织各级散打运动训练完成各自的任务，保证运动员多年运动训练的系统性，在最佳竞技年龄区间表现出最高专项运动竞技状态，各级之间要密切衔接，以防运动训练各行其是。为此，应采取以下相应对策：

(1) 制定散打运动员不同年龄阶段系列训练大纲。

(2) 建立与多年专项训练各阶段基本任务相适应的竞赛制度。

(3) 建立和健全相应的运动训练奖励制度，以鼓励中小学、业余体校和运动学校的教练员及运动员认真完成散打基础运动训练和高级运动训练的任务。

2. 建立和强化正确的训练动机

动机是“人们经常以愿望、兴趣、理想为形式表现出来的激励个体发动和维持其行为，并导向某一目标的一种心理过程或主观因素”（林秉贤，1985）。散打运动员只有具有强烈的运动训练动机，才会主动积极地坚持多年系统运动训练，从而攀登专项竞技水平的高峰。

3. 制定科学的训练计划

在现代散打竞技运动中，运动员只有经过长时间的系统训练，才有可能参与高水平的激烈争斗，夺取冠军。但对这种长时间的专项运动训练活动，则又必须科学地予以全面规划。科学制定散打运动训练计划，是保证训练的连续性、取得理想训练效果和确保良好比赛成绩不可或缺的条件。

4. 社会为散打运动训练提供有力的保证

现代散打运动训练活动，不再仅仅是教练员和运动员之间的双边活动，而是涉及到社会生活的各个方面。因此，有力的社会保证也就成为保持系统运动训练必不可少的重要条件。运动员的学习、职业、经济收入、婚姻、家庭等各方面的状况，都对其运动训练有着重要影响，而这些问题的有效解决，也必然会给运动员的训练活动提供极大的支持。

（二）按阶段性特点组织散打运动训练过程

散打运动训练过程的组织实施，必须遵循其阶段性的特点，有步骤、有顺序地进行，这一顺序是按固有的程序排列的，如全程性多年运动训练依次分为基础运动训练阶段、专项提高阶段、最佳竞技状态阶段和竞技状态保持阶段。一次4~12个月的运动训练大周期，依次可分为准备时期、比赛时期和恢复时期。一次运动训练课依次分为准备部分、基本部分和结束部分等。散打运动训练过程的程序性表现在运动训练的各个方面，其练习内容的程序性在许多情况下都是不可逆的，必须按照固定的程序进行，这样才能取得理想的运动训练效果。否则，会产生许多不良的后果。

第五节　周期性原则

一、周期性原则释义

周期性原则是指周期性地组织散打运动训练过程的训练原则。根据散打运动员生物节律的变化规律、竞技状态形成与发展周期性规律，以及运动竞赛安排的周期性特点，按一定的动态节律、循环往复、逐渐安排专项训练内容和负荷的量与强度。

二、周期性原则的科学依据

（一）物质运动周期性的普遍规律

世界上万事万物的运动和发展都是周而复始而呈现周期性的。每个周期性的运动不停地发展，每个往复、每个循环都不会完全相同。每一个新的运动周期，都不是上一个运动周期简单的重复，而应是在原有基础上螺旋式地提高到一个新的水平。物质运动这一普遍规律决定了散打运动训练具有周期性的特征。

（二）散打运动员竞技能力变化的周期性特点

散打运动员竞技能力的提高，明显地表现出周期性的特征。在一次负荷下，运动员机体能量消耗产生疲劳，然后解除负荷，逐渐得到恢复，通过超量恢复机制，使得运动能力得到提高。在这个基础上再给予下一次负荷，又开始了一个新负荷周期（图 2）。

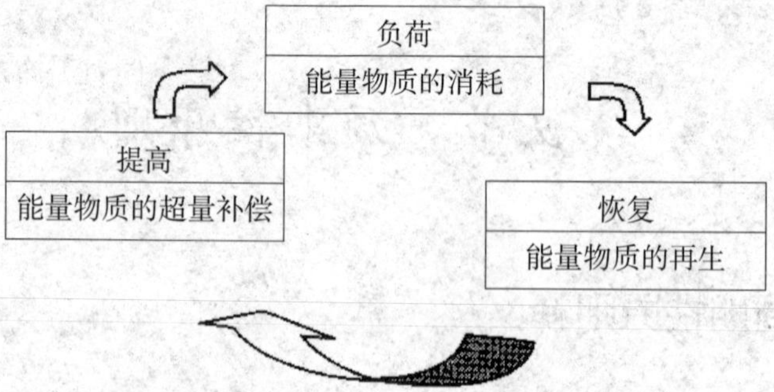

图 2　人体机能的周期性提高（引自田麦久，1999）

每一次适宜的负荷都会引起机体的适应性变化，多次适宜负荷的刺激，就会引起运动员机体发生多次的适应性变化。在这一变化过程中，运动员的运动能力不断得到提高，散打专项竞技能力就会不断地向良好的方向发展。与此同时，运动员的心理能力也有很大提高，并保持相对稳定的状态，各个系统之间保持着高度的协调性，从而进入一种良好的竞技运动状态。在强烈的参赛动机驱使之下，运动员高度地动员机体的潜能，在竞赛中常常会创造优异的成绩。可是，运动员的机体不可能始终保持各个系统之间的高度协调，生理和心理能力的表现也不可能始终处于巅峰状态。在散打运动的专项训练过程中，由于人体的负反馈机制的存在，在一段时间内保持较高竞技状态之后，就需要休息、恢复和补偿，以消除生理和心理上的疲劳。所以，这与散打运动竞技状态的发展过程相联系就构成了一个训练的大周期（表 1）。

表 1　竞技状态的发展与大周期训练相应的阶段划分

竞技状态发展过程	生物学基础	任　务	时　期
形　成	适应性机制（对训练负荷的应答性提高）	发展一般和专项竞技能力，促进竞技状态的形成	准备期
保　持	动员性机制（动员心理、生理能力的潜能，各系统高度协调）	提高专项竞技能力，发展稳定的竞技状态，创造新的优异成绩	比赛期
消　失	保持性机制（机体拒绝继续高强度工作）	积极恢复，消除心理、生理疲劳	恢复期

（引自田麦久，1999）

当竞技状态消失，运动员通过积极的恢复消除了心理、生理上的疲劳之后，继续发展一般的和专项的运动竞技能力，促进运动竞技状态的再一次形成，产生新的适应性机制，从而进入下一个运动竞技状态形成和保持阶段。相对于这些特点，散打运动训练过程也是周期性地予以组织实施的。

三、贯彻周期性原则的训练学要点

（一）选择适宜的散打运动训练周期类型

贯彻散打运动训练周期性原则时，要考虑选择适宜的周期类型。例如，确定年度运动训练安排时，采用单周期、双周期还是多周期？第一周的散打运动训练应该是加量还是加强度？通常，教练员将周训练视为重要的基本单位。例如，根据散打运动训练任务及内容的不同，可将周训练分为基本训练周、赛前训练周、比赛周以及恢复周四种类型（表2）。为了适应不同任务而制定的各种周训练计划，也明显表现出不同负荷的周期性特征。

表2　散打不同训练周类型及主要任务

周类型	主要训练任务
基本训练周	通过负荷的改变引起新的生物适应现象，提高运动员的竞技能力
赛前训练周	使散打运动员的机体适应比赛的要求和条件，将各种竞技能力集中到专项上
比 赛 周	为散打运动员在各方面培养理想竞技状态做直接准备和最后调整，并参加比赛，力求实现预期目标
恢 复 周	消除散打运动员心理和生理上的疲劳，促进超量恢复的出现，准备投入新的训练

（引自田麦久，1999）

（二）科学地掌握散打运动训练各种周期的序列

按照散打运动训练一个周期所包含的时间跨度的不同，可以将其区分为多年训练周期、年度训练周期、大训练周期、中训练周期、小训练周期，以及日训练周期等。了解各种周期的时间构成及其应用范畴，对于教练员在运动训练实践中执行周期性原则具有重要的指导作用（表 3）。

表 3　不同类型的训练周期及其时间构成

周期类型	时间构成
多年周期	2~20 年
年度周期	1~3 个大周期
大周期	准备期、比赛期、恢复期各 1 个，每个大周期 10~30 周
中周期	4~15 周
小周期	7±3 天，4~20 次课
日周期	1~3 次训练课

（引自田麦久，1999）

对于散打教练员来说，接触最多、运用最广的训练周期是年度训练周期和周训练周期（或称训练的小周期）。按照周期学说的基本理论，一个大周期包括一个准备期、一个比赛期和一个恢复期，也就是一个竞技状态形成、保持和消退的完整过程。一个年度训练中往往包括两个或更多的大周期。散打运动训练的组织和实施，一般通过小周期的计划而得到落实。由于人们的基本正常活动是以周为单位，散打运动训练活动也自然按照周来安排进行，时间为 7±3 天。

（三）注意散打运动训练周期之间的衔接

将一个完整的散打运动训练过程划分为若干个较小的周期之后，教练员往往会忽略各周期之间的联系性和连续性，而注重运动训练过程中的阶段性，整个散打运动训练过程中不同时间跨度的周期组成了一个连续发展的过程，故在散打运动训练的过程中应特别注意周期之间的衔接。

图 3 所示的四个年度周期，每个周期包括一个准备期、一个比赛期和一个恢复期。在每个周期里，都是在准备时期开始逐步增加负荷，在比赛期负荷达到高峰，而后在恢复期下降。在四个年度训练周期之间，把每个周期负荷的起点、负荷高峰及负荷的最低点连接起来就会看到，其间明显地含有规律性的联系。这三条连线都是逐年增加的趋势，使周期与周期之间有机结合起来。同样，在散打运动训练中安排周与周之间、阶段与阶段之间的训练时，也要保持有机的联系。

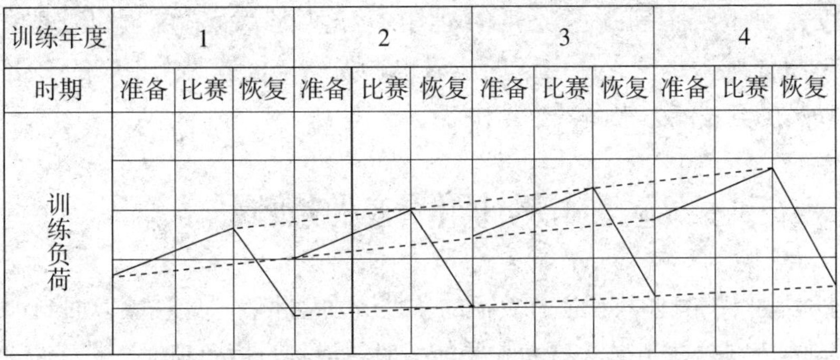

图3　四个年度训练周期的负荷变化（依列文，转引自田麦久）

第六节　适宜负荷原则

一、适宜负荷原则释义

散打运动训练适宜负荷原则，是根据运动员的现实可能和人体机能的训练适应规律，以及提高竞技能力的需要，在运动训练中给予相应量度的负荷，以取得理想训练效果的训练原则。

散打运动员在训练中承受一定的运动负荷后，必然会产生相应的训练效应，但并非只要施加负荷，就一定会产生良好的训练效应。运动训练负荷的安排对训练效应存在着重要的影响。适宜的负荷可使运动员机体产生良好的适应；反之，过度负荷会使机体产生劣变反应，而负荷过小则不能引起机体必要的应激反应。

二、适宜负荷原则的科学依据

（一）适宜训练负荷下机体的生物适应现象

在散打运动训练负荷保持在一定范围的条件下，机体的应激以及随之产生的一系列变化，都会保持在一个适度的范围内。这时训练负荷的量和强度越大，对运动员的机体刺激越深，所引起的应激也越强烈，机体产生相应的变化也越明显，运动员的竞技能力提高得也越快。

（二）在过度负荷下运动员机体会产生劣变现象

散打运动员的身体只在适宜负荷的条件下发生生物适应现象，而当训练负荷超过一定的范围，并超出其最大承受能力时（或称过度负荷时），运动员的机体便会产生恶劣的变化。

过度负荷对散打运动员的影响主要表现在生理和心理方面。过度训练负荷的直接后果，最初是运动员身体不适应的症候。这种不适应的症候，主要表现为慢性体重下降，非受伤引起的关节及肌肉疼痛、慢性肠功能紊乱、扁桃体及腹股沟淋巴肿大、周身性肌肉紧张，以及疲惫不堪、失眠不安等。

运动员出现上述不适应症候时，如果教练员和其他教辅人员仍不采取积极有效的措施，使运动员机体得到必要的恢复，那么就会进一步发展成为过度疲劳。过度疲劳会对运动员机体产生很大的破坏，导致运动员健康状况和体能明显下降，使运动创伤增加，甚至造成灾难性的后果，有些散打运动员甚至会过早地结束运动生涯。

在散打运动训练中，对机体产生刺激的运动负荷通常都是连续施予的，几次负荷之间不同的间隔与联系，会产生不同的效应。如果在前几次负荷后机体的超量恢复阶段再施加一定的量和强度，会使机体的机能不断地提高，而如果前次运动负荷后运动员的机体还没有得到恢复便再一次施加运动负荷，则有可能导致运动员机能水平的下降。

三、贯彻适宜负荷原则的训练学要点

（一）正确理解专项训练负荷的构成

散打运动训练过程中的任何一次负荷，都包含着负荷的量和强度这两个因素。负荷的量反映着负荷对运动员的机体刺激的数量的多少，负荷的强度反映着负荷对运动员的机体刺激的深度。散打运动训练负荷的量和强度分别通过不同的

侧面反映运动训练水平，所以，教练员在运动训练时，可以运用不同的指标去反映负荷量和强度的大小。

1. 运动训练负荷量的评价指标

次数、时间和重量等是反映运动训练负荷量大小的指标。其中次数是指运动训练中重复练习动作的次数，如各种冲拳和踢腿的次数等。时间是指一个统计单位中（一种练习、一次课、一周、一年或其他单位）运动训练的总时间，如一周训练的总时间、一年中素质训练的总时间、一个阶段运动训练中的总时间。重量是指运动训练中完成练习的总负荷重量，如负重半蹲 80 公斤/5 次、70 公斤/7 次、60 公斤/9 次，则负重总重量为 80 公斤×5+70 公斤×7+60 公斤×9=1430 公斤。

2. 运动训练负荷强度的评价指标

运动负荷强度的大小通常用练习的速度、单位练习的负重量，以及练习的难度来衡量。

运动训练中负荷量和强度构成了负荷，它们彼此依存而又相互影响。运动训练的负荷量以一定的强度为条件，运动负荷的强度又以一定的量为基础，因此一方变化必会导致另一方也发生相应的变化。在散打运动训练中要注意这两者的相互配合。

（二）渐进式增加专项训练负荷的量和强度

在散打运动训练中，随着运动员生物年龄的增长和竞技能力与运动成绩的提高，常常需要相对应地加大运动负荷的量和强度，但运动负荷的变化必须循序渐进，才能获得理想效果。逐渐地加大负荷的量与强度，主要有四种基本形式，即直线式、阶梯式、波浪式和跳跃式（图 4）。

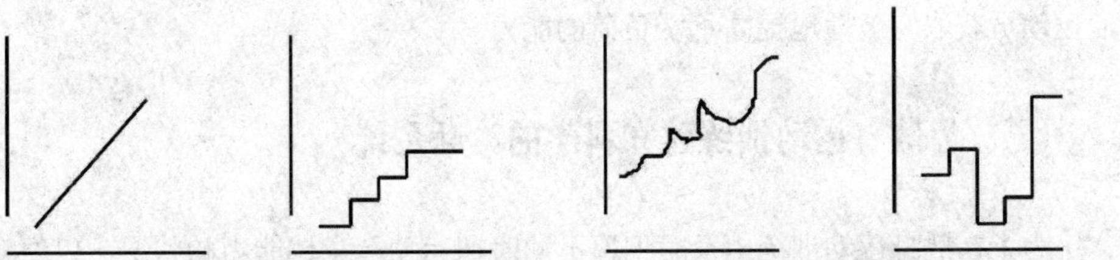

图 4　增加运动训练负荷的四种基本形式（引自田麦久，1999）

1. 直线式增加运动训练负荷

运动负荷的增加是直线上升的。这种方式的负荷强度的动态变化通常不显著，负荷的上升主要是由于动作练习次数和时间的不断增加。所以，这种运动负荷的增加方法主要适用负荷起点较低的初级散打运动员。

2. 阶梯式增加运动训练负荷

练习并保持一段时间后，每增加一次负荷，几乎要保持一周的时间。若以日为单位，负荷呈阶梯式上升，若以周为单位，负荷则表现出斜线上升的趋势。这种增加负荷的方式适用大多数散打运动员。

3. 波浪式增加运动训练负荷

随着运动员运动水平的不断提高，需要继续增加运动负荷。但是，长时间保持高强的负荷，机体若得不到休息，常常容易导致过度疲劳。因此，这就需要对负荷的增加进行有机的调控。一般来讲，每次负荷下降可以比前一阶段的最高负荷稍低，而后再提高到一个新的水平。按此规律，始终按波浪式上升，此时无论连接波峰或波谷，都表现出斜线上升的趋势。这种增加负荷的方式对各级散打运动员都适合。

4. 跳跃式增加运动训练负荷

运动训练负荷按跳跃式增加，在特殊情况下，这种方式只适用于优秀的散打运动员。这主要由于一旦运动员的成绩提高到一定程度后，机体各部分的调节及中枢神经系统对运动器官的支配容易按固定的模式进行。为了打破这种定式和平衡，教练员可采用突然增加运动负荷的方法，对运动员的机体给予强烈刺激，以便经过一段时间休整再重新达到一个较高水平。其主要作用是，有利于运动员打破机体不同系统之间或旧的固定联系，促使其在新的水准上重新建立联系，以便使运动员获取突破性地提高承受负荷的能力。

（三）为散打运动训练建立科学的诊断系统

为了在散打运动训练中及时把握不同时期运动员竞技能力的状况，以便较精确地判断负荷的适宜和恢复程序，从而决定运动训练中应选取的相对应的策略，

就必须为运动训练建立科学的诊断系统，选取可靠的指标，在恰当的时间内用科学的手段客观精确地进行诊断。

（四）正确处理负荷与恢复之间的关系

在现代散打运动训练中，教练员应重视运动负荷与恢复的协同效应，而不应在运动负荷后运动员已疲劳时才考虑恢复问题，应在计划运动负荷的同时，就考虑运动负荷后的恢复问题。与此同时，运动训练离不开负荷，没有负荷就不可能有训练。同样，训练也离不开恢复，没有恢复，负荷只会导致运动员机体能量物质的消耗，导致机能的下降。因此，为了提高散打运动训练效果，提高运动员的实战能力，必须协调好负荷与恢复之间的关系。

第七节　适时恢复原则

一、适时恢复原则释义

散打运动训练适时恢复原则，是指适时消除运动员在运动训练中所产生的疲劳，并通过生物适应过程产生超量恢复，提高机体能力的训练原则。在散打运动训练过程中，由于训练负荷的刺激，运动员身体必然会产生疲劳，为了更好地训练，必须根据运动员的情况，采取适时恢复的各种手段为运动员消除疲劳。

二、适时恢复原则的科学依据

（一）人体机能能力和能量储备的超量恢复原理

人体机能能力和能量储备由训练负荷后暂时下降和减少的状态回复到负荷前水平的过程，称为恢复。在散打运动员能量储备恢复过程中，补偿的能源物质在一段时间内超过原来水平，这种过程叫做超量恢复。如果超量恢复持续一段时间后又降回到原有水平，这就是一次运动训练负荷后恢复的整个过程。超量恢复的原理告诉我们，在一定的限度内，散打运动训练负荷越大，消耗越多，其恢复过程的时间跨度就越长，超量恢复也就越显著。

由于散打运动训练能引起运动员机体产生超量恢复效应，从而使竞技能力的提高有了物质基础。

（二）科学地调整时机对训练效果的重要性

在散打运动训练中，科学地掌握调整恢复的时机，对运动训练效果将产生重要影响。在训练中，如果运动训练负荷对机体的刺激达不到适宜的深度就去调整恢复，那么训练就达不到效果。反之，如果运动训练负荷过度，也会给运动员带来生理和心理上的危害。所以，选择什么时候调整和恢复需要根据具体情况而定，以便使运动训练产生事半功倍的效果。

三、贯彻适时恢复原则的训练学要点

（一）准确判断运动员的疲劳状况

1. 从运动员的外部表现观察判断

在散打运动训练过程中，教练员如果观察到运动员出现动作无力、错误多、动作规格下降、反应迟钝等情况时，就可初步判定运动员的疲劳已达到一定深度，这时教练员再询问运动员的身体感觉，就可进一步判断其疲劳的程度，切不可草率行事。

2. 指导运动员采用自我感觉法判断疲劳程度

在散打运动训练过程中，由于运动员的机体还没有从上次运动训练的负荷中完全恢复过来，教练员又一次采取超量负荷，为此，运动员的机体产生持续性的疲劳。此时运动员就会自我感觉四肢无力、肌肉僵硬、力不从心、胸部发闷等，虽然进行积极性地休息，但仍得不到缓解。这时运动员应主动请求教练员减少负荷，以避免产生深度的疲劳，对以后的训练和比赛产生不良的影响。

3. 采用生理、心理测试的方法判断疲劳程度

在散打运动训练过程中，还可以采用生理、心理测试的方法判断疲劳程度。一旦运动员发生疲劳，就表明他们的机能能力下降和心理状态不稳定。运用生理和心理指标评定疲劳的程度，能更准确地判断疲劳和恢复的情况。生理指标测定的具体方法通常有膝跳反射阈测定法、肌张力测定法、心电测定法、肌电测定法、体位血压反射测定法、脑电测定法等各种方法。心理指标测定的方法有 RPR 自我恢复感觉表（Rating of Perceived Recovery）、RPE 自我疲劳感觉表（Rating of Perceived Exertion）等方法。当然，最实用简便的方法是运用生理指标中的心率恢复值监测和判断疲劳程度。例如，从运动员心率的恢复值看，在 1 分钟后明显恢复，没有出现不恢复或者有升高的趋势，2 分钟后接近于安静值，说明这个运动员的心脏功能良好，能够较好地完成本阶段的运动训练任务。

（二）适时消除运动疲劳

1. 运用营养学恢复手段消除运动员的疲劳

散打运动员在训练过程中，运动训练的负荷量和强度都较大，因此，能源物质的消耗也相应地较大。为了使运动员的机体能及时消除疲劳并产生超量恢复，在运动训练后，应科学地补给各种营养素。在补给食物的数量和质量上要适宜地搭配，其中各种维生素和多种微量元素对运动员的恢复，以及消除疲劳将起到非常重要的作用。

2. 运动医学、生物学等恢复手段消除运动员的疲劳

在散打运动训练结束后，运动员的肌肉内存有大量的乳酸等各种代谢产物，与此同时，运动员的心理也有不同程度的疲劳。为了消除代谢产生和心理的疲劳，可采用一些理疗恢复手段，如含氧浴、氮水浴、蒸汽浴、按摩、电兴奋等手段和措施消除疲劳。为了消除心理疲劳可适当采用放松训练、自我暗示、气功等方法。

3. 运用训练学恢复手段消除运动员的疲劳

在散打运动训练过程中，可以采用一些积极休息的方式进行恢复和调整。采

取的手段主要包括调节训练间歇的时间和方式、变换训练内容和环境、调整负荷的强度和量，以及采用一些轻松的练习方式等。通过这些手段可以消除由专项训练所产生的大量代谢产物和心理疲劳，使机体得到积极性地恢复。

第八节　区别对待原则

一、区别对待原则释义

散打运动训练的区别对待原则，是指在专项训练过程中，依据运动员的个人特点，有针对性地确定运动训练任务，选择训练方法、手段和安排负荷。针对不同运动员的个体特异性和差异性实施区别对待，是散打训练遵循的重要原则之一。教练员要想使运动训练获得理想的效果，就要考虑到每名运动员的生理机能、心理状态、身体形态、身体发育情况、技战术能力，以及身体素质、智能水平等因素，这样才有可能根据运动员的特质，区别对待，有针对性地组织散打运动训练过程。

二、区别对待原则的科学依据

（一）运动员个人特点的多样性

性别、日历年龄、生物年龄、训练年龄、心理和生理特点、身体状况、竞技水平等因素构成了运动员的个人特点，这些因素都对教练员组织和安排训练提出了各不相同的要求。此外，同一名运动员的训练状态在不同时刻、不同训练阶段、不同的训练环境也不完全相同，这同样给运动训练带来了区别对待的要求。

（二）散打运动训练特点的多因素性

不同的运动员，以及同一名运动员在不同运动训练状态下表现出的特点，包

括决定竞技能力的各个因素、教练员的业务水平及其对训练的战术安排和战略部署、训练所处的阶段和具体要求，以及外界环境如气候、场地器材等多种因素，都处于动态的变化过程之中，这就要求教练员应及时根据训练对象的具体情况有区别地安排运动训练。

三、贯彻区别对待原则的训练学要点

（一）要根据运动员的不同情况因材施教

教练员在训练过程中要因人施教，区别对待。只有这样，才能收到良好的效果。例如，少年运动员，要着重学习基本功、套路和基本动作、组合动作，通过教练员和对手的“喂”“带”做一些简单的攻防组合动作。对少年运动员，进行功力练习，大强度力量练习和实战练习要适度，因为他们还处在生长发育期，若不注意，会给其带来伤害，并影响正常发育。对一些适合运动训练的青壮年运动员，从目前看，可分为两种基本情况，即首先是身体素质好、爆发力强、速度快、勇敢顽强、喜爱散打运动，但缺乏系统的武术基本功和套路以及散打、套路及散打的拳腿功、摔法等基本技术和技能的训练，同时提高专项身体素质。其次是那些从事多年武术套路训练，而无散打实战经验的运动员。他们的身体协调性较好，而抗击打能力、拳脚的功力、实战经验比较差，因此，要克服弱点，着重提高应变和实战竞技能力。

（二）训练计划的制定要全面

教练员所制定的运动训练计划，既要有对不同运动员的个性要求，又要有对全体队员的整体要求。另外，还要对重点运动员制定专门的训练计划。只有这样，运动训练计划中规定的任务，所要达到的指标、内容、方法和措施，才能更切合实际。因此在训练课上既要以全队集体训练为主，也要经常安排一些针对性较强的个人训练内容，这主要是由于每名运动员的个人技术、身体素质等因素各有不同。例如，有的运动员腿法较差而拳法较灵活，有的柔韧性较差但力量较强。这就要求教练员在散打运动训练或比赛中，要根据这些情况采取有针对性的措施和方法，以提高专项训练效果和比赛成绩。

（三）教练员要及时准确地掌握运动员的具体情况

在初始训练前，教练员可围绕竞技能力的几个主要决定因素了解运动员的具体情况。例如，在素质方面需了解速度、力量、耐力等数据；在身体机能方面应掌握脉搏、血压、发育水平，以及各器官系统的机能等基本情况；在身体形态方面可测定身高、体重、皮脂厚度等指标。在训练过程中，教练员尤其要注意观察运动员的表现，记录运动员的成绩，通过批阅运动员的训练日记，了解他们的训练感受。

第九节　有效控制原则

一、有效控制原则释义

散打运动训练有效控制原则是指对运动训练过程实施有效控制的训练原则。在训练过程中，为了保证运动训练能够依照训练计划所设计的方案正常运作，并确保训练目标的实现，教练员必然准确地掌握和控制运动训练的各种因素，例如，负荷的量和强度，训练的内容、手段和方法等，并根据生理生化指标的监测手段与方法，适时地进行调整。在散打运动训练全过程中，也可运用控制论、信息论、系统论等系统科学的基本理论和方法，建立新型模式的运动训练体系，从而有效地对运动训练进行监控，进一步提高训练的效果。

二、有效控制原则的科学依据

（一）现代控制论是实施有效训练的理论基础

在科学技术日新月异发展的今天，各运动项目的教练员都深刻地认识到，要想取得运动训练的成功，必须对训练对象（运动员）在训练过程中的变化施加合理而有效地监控，才能确保运动训练朝着既定的方向前进。因此，散打运动训练的教练员和科研人员，要以科学工作者为我们建立的重要方法论为基础，如系统论、控制论、信息论等对训练过程实施有效控制。此外，教练员还可运用统计学、模糊数学、运筹学和网络技术等学科，对训练过程中采集的各方面数据进行统计和分析，对运动员进行监控，从而保证并提高运动训练的效果。

完整的散打运动训练控制体系应具备以下几个基本环节：

1. 施控主体（教练员等）和被控对象（运动员等）。
2. 控制信息（讲解、示范等）和前向信息控制通路。
3. 反馈装置、反馈信息（训练效果等）和反馈信息控制通路。

教练员要根据上述几个基本环节，采取相应对策，科学地调整训练计划。另外，运动员在练习中也要根据自己的情况，调整技术动作，更改训练方法，建立自我反馈。运动员只有采用“步步反馈”，最后才能实现训练的最终目标。

（二）运动训练过程的多变性是实施有效控制的客观要求

散打运动训练受多种因素影响，与此同时，各种因素又千变万化。在运动训练过程中，教练员起主导作用，运动员是主体，运动训练效果首先反映在运动员的竞技能力和比赛成绩上。这种竞技能力水平受各种因素的影响，例如，训练因素、运动员的情绪和社会交往、训练条件、场地及气候、个人的生物节律、意外的伤害、比赛中非可控因素导致竞技比赛结果的改变等。教练员要根据这些情况实施有效地监控，这样，才可以保证运动员竞技水平的稳定，并且在比赛中充分发挥已获得的竞技能力。教练员只有对不断变化的训练过程实施有效的监控，才有可能实现所制定的训练计划和目标。

（三）训练信息是实施有效训练控制的依据

散打运动训练信息反映运动训练系统本身的各种特征和状态。散打运动训练信息的运用主要表现在以下几个方面：

1. 对运动员的训练过程与状态的诊断。
2. 了解和掌握运动训练过程的进展状况。
3. 测定选材对象的有关信息，为科学选材提供依据。

4. 利用赛前和赛中所获取的相关信息，有效地组织赛前和赛中的战术调控。

5. 运用有关运动训练信息改进工作，不断地创新技术、战术以及训练的手段和方法。

6. 运用各种信息对训练过程进行多学科综合调控等。

三、贯彻有效控制原则的训练学要点

（一）科学地制定运动训练计划

对散打运动训练过程实施有效控制的重要前提是科学地制定运动训练计划。只有科学地制定运动训练计划，才有可能实施有效地控制，并围绕预先确立的各种指标进行训练。所以，制定科学的训练计划是确保对训练过程进行有效控制的前提和基础。

（二）对训练信息的采集和运用要高度重视

教练员、科研人员、管理人员等要在不断地动态变化中对运动训练过程实施有效的监控。可以通过生理学、心理学、生物力学、生物化学，以及运动训练学的各种诊断方式，采集大量的运动训练信息，从而了解运动员的竞技状态、训练效应等，并根据这些信息及时作出决策，调整训练内容、方法和手段，使训练过程同运动员本身的实际情况相协调，以确保取得良好运动训练的效果。

（三）要及时有效地对训练计划进行修整

在运动训练之前，教练员虽已制定好各周期的运动训练计划，但在实际运动训练过程中，教练员通过各种手段对训练中的相关因素（运动员的生理指标、生化指标等）进行监控，获取了大量的运动训练信息，并经过系统的整理和科学的分析，得出一些重要的结论。教练员应该将所得出的结论同原来的训练计划结合起来进行科学地分析，从而有根据地对原训练计划进行科学的修改和整理。

(四) 通过生理生化指标科学监控

运动员比赛时的心率值、血乳酸值监测大强度训练负荷，能较好地控制训练过程。血色素能准确监测运动员在运动训练过程中的运动量和机能水平。赵光圣等做过散打运动员比赛时的心率值、血乳酸值和训练课中的心率值、血乳酸值的比较（表 4、表 5），结果表明，比赛心率与训练心率之间、比赛血乳酸值与训练血乳酸值之间并无显著性差异。这说明大强度训练课的强度已达到了比赛强度，训练实践中用比赛强度监测运动训练强度是可行的。

表 4　散打运动员比赛心率值与训练心率值比较

心率	N	$\bar{X}$±SD	z	p
比赛心率	5	192.00±27.27	0.655	>0.05
训练心率	5	187.00±7.58		

（依赵光圣等，2001）

表 5　散打运动员比赛血乳酸值与训练血乳酸值比较

血乳酸	N	$\bar{X}$±SD	z	p
比赛血乳酸	5	15.75±2.50	0.124	>0.05
训练血乳酸	5	15.50±3.70		

（依赵光圣等，2001）

N：样本量

$\bar{X}$±SD：平均值

z：判别值

p：显著性

总之，在散打运动训练的实践中，教练员应该综合地运用上述基本原则，切不可顾此失彼，唯有如此，才有可能有效地改进和提高运动训练的过程，从而确保运动训练的进程向既定的目标靠近。

第六章　散打训练计划的制定

散打训练是以散打教练员和运动员为主体，在各方面人员的积极参与下，为提高散打运动员的竞技能力和运动成绩而专门组织的一种准备性的教育过程。这个教育实践过程是一个长期的、系统的、科学的过程。运动实践的经验告诉我们，运动员若想达到很高的竞技水平，必须充分的发展竞技武术散打所须的体能、技战术能力和心理及智能竞技能力。而获得这些能力，使运动训练过程顺利地进行，并能达到预定的目标，必须要制定周密的训练计划。

第一节　散打训练计划概要

一、散打训练计划的释义

（一）散打训练计划是对于未来的训练过程预先做出的理论设计

训练计划是根据预定的目标，对未来的训练过程的模式化设计，是运动训练过程的一个重要环节。运动训练计划应有尽可能的准确的预见性，但运动训练过程的运行受着内外多种因素的制约和影响，对这些因素多姿多态的变化很难做出完全准确的预测，其中许多因素又是我们不能完全控制或根本无法控制的。因此，预先做出的理论设计在实践中常常需依主客观情况的变化而进行必要的及时的调整和变更。

需要强调的是，尽管我们准备在实施过程中要做出必要的调整和变更，我们仍然应该而且必须在一个训练过程开始之前，制订出完整的运动训练计划。同时还应对于训练过程中可能出现的主客观条件的变化做出尽可能准确的预测，并力求设计好调控对策。

（二）散打训练是为实现训练目标而选择的状态转移通路

训练计划的制定应力求符合运动训练的基本原则，符合运动员由现实状态向目标状态转移的需要，并与训练的客观条件相适合。训练计划只是对未来训练过程的一种理论设计，它不可能与未来的实践完全相吻合，由于人的竞技能力的不断变化以及影响运动训练过程的多方面因素的作用，原有的训练计划在实施中的变更是不可避免的，因此，在运动训练实践中必须根据运动员情况的变化，根据各种训练条件的变化而对训练计划予以必要的、适时的变更。通过制订训练计划，规划了由运动员的现实状态如何向目标状态转移的途径。使运动训练过程的参与者了解如何训练。同时把训练过程的目标具体化成独立而彼此联系的训练任务和形式，并进一步具体化成一系列专门的练习。如果运动员循序完成这些练习，实现各个课次，各个周期的训练任务和要求，就会一步步地逼近和完成训练的目标。

二、散打训练计划在训练过程中的重要作用

散打训练计划的制订与实施，是散打训练过程的中心环节（图 1），贯穿于教练员与运动员的全部训练实践活动之中，其在训练过程中的重要地位主要表现在以下几个方面。

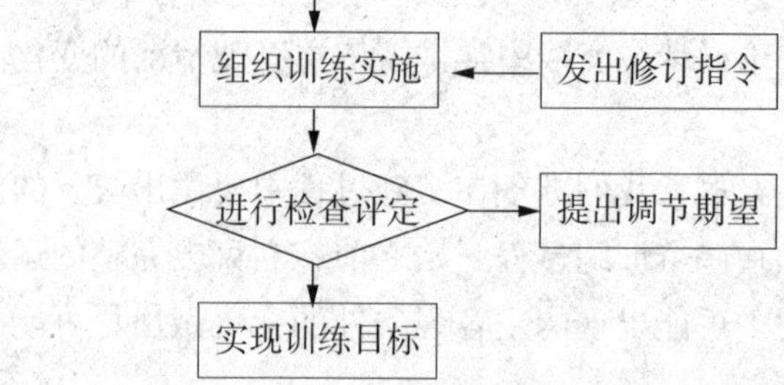

图 1　散打训练计划在训练中的重要地位

1. 使训练目标进一步具体化

通过散打训练计划的制订，把训练过程的目标具体化为若干独立而彼此联系的训练任务，并进一步具体化为若干按特定要求进行的练习。运动员逐一地去完成这些练习，逐一地去实现各课次的各种形式的训练任务和要求，逐步地接近直至完成训练的总目标。

2. 统一训练活动参加者的认识和行动

训练计划规划了实现由运动员的现实状态向目标状态转移的通路，使运动训练过程的所有参与者了解如何训练便有可能完成训练指标，使对于训练成果所进行的预测能够得以实现，并且围绕着所制定的训练计划的贯彻与实施，统一教练员、运动员、科研工作者、医务工作者、医务监督人员、行政管理人员及后勤人员等所有运动训练过程参与者的认识和行动。

3. 为有效地控制散打训练过程奠定必要的基础

通过散打训练计划的制订和实施，可以对散打训练过程中的“诊断”“指标”等环节的状况做出适宜的评定。这是对训练过程实施有效控制的必要基础，也是保证散打训练过程顺利完成的重要条件。

三、制定散打训练计划的主要依据

制定科学的散打训练计划，不仅要规划出远景目标，而且要表明完成这一目标的具体实施方法，既要符合运动训练的客观实际及发展规律和科学原理，又要表达出实施训练的具体方案。制定训练计划必须要有科学的依据。

1. 依据训练的目的、任务及目标

训练的目的是为了比赛，提高运动员的竞技运动水平。目标便是在比赛中取得优异的成绩，因此制定训练计划，必须围绕着比赛这个核心内容来进行。然后再依据距离比赛的时间的长短分为长期、中期和短期的目标来进行总体的设计和规划。

2. 运动员的个人打法特点和现实状态

训练计划的制定必须要考虑到运动员在竞技能力及个人打法风格上所表现出的不同特点和现实状态，建立个体的训练模式，努力实施个体化训练，以最大限度地提高训练效果。

3. 依据散打训练的客观规律

训练计划只有符合散打训练的客观规律，才有可能取得成功，才能达到预期的效果。这些规律包括：竞技状态的形成与周期性发展规律，运动员机体在负荷下的适应性和应变性，训练过程的多变性和可控性等基本特征，以及散打运动技战术、心理智能和各种运动素质本身的结构特点和发展特点，只有遵循这些客观规律，才能严格地按照散打的基本训练原理、训练规律及训练方法指导训练。

4. 依据组织实施训练和比赛的客观条件

良好的训练条件和比赛环境是取得理想的训练效应和夺取优异成绩的重要前提，在制定训练计划时必须将训练及比赛的客观条件等方面的因素考虑进去，以便于进行针对性的适应性和赛前的模拟训练。

四、散打训练计划的基本类型

散打训练计划的基本类型是依据训练过程时间跨度的不同和相应的训练周期结构，确立与此相对应的多年训练计划、年度训练计划、阶段训练计划、周训练计划和课训练计划。不同类型的训练计划的功能结构具有相对的独立性，但同时彼此间也有着密切的联系，它既从属于高一层的计划，也包含着下一层的计划，其功能也是逐步变化的。

五、散打训练计划的基本内容

不同类型的训练计划在内容上有各自不同的侧重点，并有特定的要求，但不同时间跨度的训练过程的基本结构都是一样的，因此不同训练类型训练计划也有许多共同点。表现在：

1. 训练计划的名称；
2. 运动员的现实状态分析与诊断；
3. 主要对手的形势分析；
4. 时间阶段的划分及各阶段的训练任务；
5. 训练过程中训练目标的确定；
6. 训练过程中比赛及训练的时间安排；
7. 训练过程主要训练内容、训练方法与手段的选择；
8. 各阶段训练过程中训练要素的比例，训练要素包括：体能训练、技术训练、心理训练、思想作风训练等；
9. 各训练过程对训练程度的检查性内容和指标；
10. 训练过程中运动负荷的变化趋势；
11. 各训练过程的恢复措施和医务监督；
12. 实施训练的基本措施及要求。

如表 1 所示。

表 1 运动训练计划的分类及基本任务

训练计划类型	时间跨度		基本任务
多年训练计划	全程性	10~20 年	系统培养高水平选手完成
	区间性	2~6 年	阶段性训练任务或准备并参加 1 轮大赛
年度训练计划	单周期	6~12 个月	准备并参加 1 次或 1 组重要比赛
	双周期	每个周期	准备并参加 2 次或 2 组
		4~8 个月	重要比赛
	多周期	各周期	准备并参加 3 次或 3 组以上重要比赛
大周期训练计划	准备期	5~20 周	提高运动员竞技能力
	比赛期	3~20 周	参加比赛创造好成绩
	恢复期	1~4 周	促进心理、生理恢复
周训练计划	训练周	4~10 天	提高运动员竞技能力
	比赛周	或	参加比赛创造好成绩
	恢复周	3~20 次课	促进心理、生理恢复
课训练计划	综合训练课	0.5~4 小时	综合完成多项训练任务
	单一训练课	0.5~4 小时	集中完成一项训练任务

第二节　多年训练计划的制定

多年训练计划是教练员对散打运动员从开始训练到成为优秀运动员的整个训练过程或两年以上若干年度的训练，做出的科学的长期的远景规划，以便有组织、有目的、有步骤地提高运动员的竞技能力，达到运动成绩的最高峰直到退役。多年训练计划具有框架式、远景式、稳定式的特点。

一、训练计划制定的类型及其特点

依据武术散打项目的成才规律及训练计划制定的时间跨度，我们将散打的多年训练计划分为全过程多年训练计划和区间性多年训练计划。

（一）全过程多年训练计划

全过程多年训练计划是指对运动员从开始参加训练到进入竞技高峰，直至停止训练的整个过程所做出的训练规划。制定这种训练计划的主要目的是确立全过程多年训练计划的指导思想，确立运动员所要达到的最高训练水平的总目标和各阶段训练的分目标，总体规划多年训练过程各阶段的训练任务、训练内容、训练方法与手段以及负荷动态变化的总体趋势。

散打的全过程多年训练包括基础阶段训练、技战术阶段训练、达到竞技高峰期三个阶段，即运动员经过 1~2 年的基础训练和 2~3 年的技战术训练，进入到竞技的高峰期。由于全过程训练的持续时间长且受三者因素的干扰与制约，因此全过程多年训练计划是宏观的、战略性的和远景式的，计划的内容也具有框架式的特点。

（二）区间性多年训练计划

区间性多年训练计划是根据某一特定任务而制定的两年以上训练过程的训练

计划。例如基层体校、武术学校的散打运动员在其基础训练阶段的训练计划，其任务是经过训练参加一些基层的省市组织的散打比赛以及向高水平运动队输送有培养前途的运动员；对高水平散打运动员的两届全运会之间的四年训练计划。其任务是在下一届全运会上创造更加优异的成绩，体育院系的大学生运动员在校期间的四年训练计划等都属于区间性多年训练计划，区间性多年训练计划的训练年限是固定的，但运动员的训练水平常会出现较大的差异，参加训练的散打运动员有的处于基础训练阶段，有的处于技战术训练阶段，有的则参加过几次比赛处于竞技高峰期，因此，对他们的训练内容的安排、训练方法手段的选择以及负荷的安排都应周密细致，才能保证不同训练水平的运动员都能达到特定训练区间的预定训练目标。

二、多年训练计划的基本内容

多年训练的总目标以及实现这一总目标的一些具体设想：

1. 运动员的起始情况（包括各种竞技能力、文化学习、家庭情况、个人特点等）以及今后可能达到训练水平及专项方向的预测；

2. 多年训练的阶段划分、年限及相应的训练任务，主要训练内容比重、主要训练指标和实现多年训练的主要途径和措施；

3. 多年训练中各年度、阶段运动负荷的总体安排；

4. 各训练内容的基本任务与要求；

5. 多年中参加主要比赛的安排与训练过程中运动成绩的发展规划；

6. 测定和评定多年训练水平的内容指标、时间安排和方法；

7. 恢复的措施与安排；

8. 对计划执行情况进行全面检查、考核的措施与安排。

三、多年训练计划的制定

依据散打训练的规律，可以将全过程多年训练有机的划分为基础训练，技战术训练，竞技高峰期和竞技保持阶段等四个互有联系又各有侧重点的训练阶段。

各个训练阶段都有主要训练任务及主要负荷和负荷安排特点。区间性多年训练作为2~4年的特定时间阶段的训练过程，它与多年训练的具体阶段相吻合，一般围绕全运会而制定。

（一）基础训练阶段

本阶段主要训练任务是全面提高身体素质，打好训练基础。

[主要训练内容]

1. 武术基本功训练，包括腰功、腿功、臂功和桩功等；
2. 基本运动素质，包括速度、耐力、力量、柔韧和灵敏；
3. 基本技术动作，包括基本拳法、腿法、步法和摔法。

[负荷特点] 本阶段的负荷内容主要是基本运动素质和散打基本运动技能，因此负荷水平宜处于中、小训练负荷，负荷的节奏应缓慢地逐步提高，尤其须严格控制负荷强度，以免妨碍基本技术的掌握和协调能力的发展。

（二）专项提高训练阶段

本阶段主要训练任务是全面提高运动员的竞技能力和散打实战能力。

[主要训练内容]

1. 发展速度、力量、耐力专项运动素质和抗击打能力；
2. 掌握散打进攻技术和防守技术以及攻防战术；
3. 学习和掌握有关技术和战术理论知识；
4. 培养散打心理素质。

[负荷特点] 本阶段专项负荷水平逐渐增加，负荷量和强度同步增加，在本阶段的后期，明显增加大负荷训练课次，使负荷量和强度及总负荷都达到较高水平，负荷节奏常采用渐进和波浪形的方式，向实际比赛的负荷逼近。

（三）竞技高峰期

本阶段主要训练任务是提高运动员的竞技状态，使其具备参加大型比赛的实战能力，并创造优异比赛成绩。

[主要训练内容]

1. 巩固和发展专项运动素质；

2. 全面掌握攻防组合技术和提高运动能力；

3. 培养战术意识，提高战术动作质量；

4. 提高临场比赛能力及临场应变能力；

5. 提高比赛心理素质；

6. 加强有关训练和比赛理论知识的学习。

[**负荷特点**] 本阶段的训练量和强度及总负荷都达到最高水平，尤其是负荷强度应达到比赛性质的极限强度或超过比赛强度，使机体在结构和功能上对比赛活动产生适应性变化。本阶段要注意负荷节奏的安排，以保证在重大比赛前将运动员的竞技状态提高到最高水平。

(四) 竞技保持阶段

由于多年紧张的训练、比赛以及运动员各器官系统机能能力出现下降的趋势，加上多年训练比赛积累的伤病干扰正常的训练，不可避免地造成运动员各种竞技能力和对训练适应能力的下降，给保持原有训练水平带来一定困难。本阶段的训练可通过合理的调整，尽量保持机体各器官系统的机能水平，技术上不断精益求精，并努力提高运动员竞赛心理的稳定性，尽可能延长其运动寿命。

显然，在多年训练过程中，无论是训练任务，还是训练内容及负荷安排，都应根据各训练阶段而有所区别。因此，多年训练计划的制定应充分考虑训练过程的阶段特点、运动员的个人特点和负荷特点，合理地安排训练。

四、多年训练计划的基本格式

训练计划的格式可分为图表式和文字式。全过程多个训练计划，时间跨度长，计划内容的表述不必过于具体，故常用图表式来表述（表 2）。

表2　多年训练计划参考表格

阶段			启蒙训练阶段	基础训练阶段		专项训练阶段		
				一般基础阶段	专项基础阶段	专项提高阶段	专项最高竞技阶段	竞技保持阶段
年龄（年限）								
时间（_年）								
主要任务								
训练负荷安排	年训练日							
	年训练课次							
	年训练时数							
	周训练课次							
	日训练课次							
	年负荷节奏							
	专项最高训练强度							
	主要指标训练总量							
一般与专项训练内容比重	一般							
	专项							
专项比赛安排	比赛次数							
	最高成绩							
恢复措施								

第三节　年度训练计划

年度训练计划又称全年训练计划，是依据多年训练计划的安排和上一年度训练工作的总结，对全队下一年度的训练过程所做出的科学规划。它是多年训练过程的基本组成单位，根据年度训练计划在多年训练过程中所处的位置和任务，年

度训练计划可以划分为基础训练阶段的年度训练计划，技、战术训练阶段的年度训练计划和竞技高峰期，竞技保持期等四种类型。根据运动员竞技高峰期出现的次数，以及现阶段武术散打竞赛体制的不断改革和完善，高水平武术散打运动员竞技高峰期的年度训练计划已由以往的双周期向多周期演变。随着每个年度重大比赛的安排以及联赛制度（如散打王争霸赛）的逐步完善，如何合理地调配训练、比赛及过渡恢复以及针对有效的实施阶段训练计划是目前摆在每个散打教练员面前的一项重要课题。

一、年度训练阶段的划分与训练任务的确定

散打全年训练以一个独立的周期为例可分为三个时期，即准备期、比赛期和休整期（或过渡期）。每个时期又分成一定数量的阶段。

（一）准备期

这是一个准备性的年训练时期，其最终任务是通过一般与专门的训练，使运动员初步形成竞技状态，为比赛期出成绩打下良好的一般与专项竞技能力训练的基础。

准备期又分为两个阶段，第一阶段为一般准备阶段，第二阶段为专门准备阶段。一般准备阶段的主要任务是形成竞技状态所必须的各种前提条件，具有全面性的特点。即全面发展散打运动员的身体运动素质，提高各器官系统的机能，发展专项所需要的一切基础，发展专项的技能、技巧，并逐步向专项竞技能力的提高转化；专门准备阶段的主要任务是初步形成竞技状态，将前一阶段所获得的一般竞技能力转移到专项竞技能力的提高上，具有明显的专项化特点。即加强专项身体训练，改进专项比赛的技战术，调节心理状态，克服心理障碍和提高心理能力。该阶段可以参加一些专项比赛，以激发竞技状态。

（二）竞赛期

这是一种比赛性的训练期，其主要任务是使运动员在比赛中形成和巩固最佳竞技状态，参加重大比赛，并达到全年中的最高运动成绩。在单周期中，可将比

赛期分为两个阶段，第一阶段为赛前基本训练阶段，第二阶段为比赛阶段。

“赛前基本训练阶段”是为即将参加的重大比赛做好专门的准备，对运动员来说主要任务是：把准备期打下的一般训练基础，转化为比赛所需要的专门能力。着重提高专项素质、专项耐力、专项比赛能力、专项技术、战术能力和专项心理能力等。

“比赛阶段”是运动员直接参赛的阶段，往往是一年中最重大比赛所处的时间。该阶段的主要任务是着重从心理上、精神上、体能、技能上调节到最佳竞技状态，并通过减量训练将体能恢复调整到最佳竞技状态所需的水平，保证运动员以最佳竞技状态参加比赛和出优异成绩。两阶段之间可安排类似准备期的训练。

比赛期的训练是以身体训练中的专项身体训练为主，维持一般身体训练水平，尽可能地完善和巩固已掌握的技术、战术，对动作进行精雕细刻。要发展技术思维能力，深化专项知识，提高运动员在比赛中的应变能力，树立必胜的信心。一切安排均应围绕着能使运动员在比赛中适时地形成最佳竞技状态进行。

（三）休整期（或过渡期）

经过比赛期的高强度比赛和训练后，运动员身体较疲劳，因而本阶段的主要任务是消除疲劳，积蓄力量，为转入下一个单周期训练创造良好的身体条件，一切训练安排都具有恢复、调整性质。

二、年度训练计划的内容

（一）训练计划的名称

训练计划的名称即训练计划的题目，包括单位、性别、项目名称、运动级别、训练计划使用的时间等。

（二）年度训练的目标和任务

制定年度训练计划时，首先要确定本年度训练的目标，然后把训练目标具体化为若干个独立而又彼此联系的训练任务。

(三) 运动员现实状态分析

通过运动员现实状态的分析，使教练员清楚地了解本队运动员的基本情况，便于科学地确定训练目标和任务，使训练更有针对性和实效性。运动员现实状态的分析包括一般运动素质、专项运动素质。

(四) 全年训练周期或阶段的划分

全年训练周期或阶段的划分是为了更详细的规划年度进程，以便在各训练周期或各阶段提出更具体的训练任务，安排更具体的训练内容。它反映了全年训练时段的合理分配，划分得当，会使全年训练计划更便于实施和控制，如期达到预定的训练目标。

(五) 年度训练的主要内容

全年训练计划中的主要内容指年度训练中各周期或各阶段的具体训练内容，包括基本功、运动素质、攻防技术、攻防战术、心理素质和专项理论知识等方面。

(六) 运动负荷及其变化节奏

散手全年训练计划中的运动负荷，通常以身体、技术、战术、心理训练在年度训练各周期或各阶段的比例来体现。运动负荷的安排应体现出负荷强度与负荷量的搭配关系，其动态变化的趋势常用训练强度和训练量的曲线变化图表示。量和强度在全年各阶段训练中的变化趋势见表。

表 3　全年训练运动负荷变化总趋势及其特点

训练周期		运动负荷变化总趋势		备注
		负荷量	负荷强度	
准备期	一般准备阶段	增长较快，以增一般量为主，增专项量为辅	专项强度增长较慢，但一般强度达到较高水平	虽经增量为主，但不能以减强度来增量，后期达全年最大量；总负荷达大至极限

（续表）

训练周期		运动负荷变化总趋势		备注
		负荷量	负荷强度	
准备期	专门准备阶段	专项量明显增强，一般量下降50%左右	专项强度明显提高，一般强度稳定或适当下降	比赛负荷与心理负荷开始加大，比赛强度达70%~80%，不宜出最高比赛强度；总负荷过于70%左右
比赛期	赛前基本训练阶段	专项量达到较高水平，一般量减到50%后趋于稳定	专项强度与专项量一样都达较高水平，以无氧、有氧、无氧混合强度负荷为主，一般强度中至上水平	本阶段的负荷安排应围绕提高专项能力、专项耐力和提高专项竞技状态为主进行安排；本阶段是全年中用于提高竞技能力的阶段
比赛期	比赛阶段	无论专项量还是一般量本阶段均下降到较低水平	专项强度达到全年的最高水平，尤其是比赛强度达最高水平，一般强度也上升到较高水平	总负荷是年大周期中的第二高峰单周期（比赛期长时）；双周期中两次比赛之间适当增加一般负荷量，以便进行调整
休整期	保持一定的一般训练量，专项训练量降到全年量低水平，甚至为“零”		专项训练强度与一般训练强度均降到全年最低水平	总负荷水平降至全年最低点；围绕恢复和调整安排本阶段负荷

（七）检查性检测内容和标准

检查性检测是为了检测训练效果，科学调控训练过程，纠正训练中可能出现的偏态而专门设置的。检查性检测应包括检查的时间、检查的方法、检查的内容和标准。通常，全年训练过程的各个阶段的训练都应至少安排一次检查性检测，时间跨度较长的阶段可增加检查性检测检验的次数。

（八）基本措施与要求

年度训练计划中的基本措施与要求是实施全年计划的必不可少的保证条件之一，包括对运动思想、训练作风的要求，对教练员诸方面的要求，对后勤保障系统的措施与要求，医务监督的措施与要求，及恢复措施与要求以及应变措施与方

案。在训练过程中，影响训练的因素很多，教练员应对可能发生的情况予以考虑并指定相应的对策方案，以便当意外情况发生时，能及时、有效地采取相应措施，保证训练工作顺利进行。

三、全年训练计划制定的基本程序

（一）获取运动员现实信息

总结上一年训练计划的完成情况，对运动员身体素质、机体机能、技术战术、思想等方面的现实状态进行分析，找出存在的主要问题，获取运动员信息及时对信息的分析诊断，是确定新年度训练过程和训练目标的基础。

（二）确定本年度训练目标与任务

在对运动员现实状态进行分析的基础上，结合训练的客观条件，确定新的一年训练目标和任务。训练目标应切实可行，训练任务要明确、具体、有针对性，符合运动员的实际情况，并经过努力可以达到和完成。散打运动员的基本训练阶段，要特别注意凭主观愿望确定了过高的训练目标，而导致拔苗助长式的训练后果。

（三）划分训练周期和训练阶段

周期的划分是经全年训练过程划分为更短的时段，便于全年训练计划的实施和控制。基础阶段的散打训练，可根据现行学制来划分训练周期，以适应中、小学学习和假期制度的特点。据此，全年训练可划分为两个周期。如果在基础训练和掌握实战技术阶段的年度训练期内没有正式比赛，也可不明确地划分周期，而采用划分若干个训练阶段的方法，保证训练循序渐进地进行。

（四）确定各训练周期或训练阶段的训练内容和手段

训练内容和手段应根据各周期或训练阶段的任务和运动员的训练水平选择、

确定。散打初级水平的训练，训练的内容和手段应紧紧围绕基本功以及踢、打、摔等单个技术和组合技术，一般运动素质和专项运动素质，扎实打好基础，促进竞技能力的全面发展。

（五）确定各周期或阶段的运动负荷

运动负荷的安排要符合运动员的训练水平，对于初级水平的散打运动员更要考虑整个训练发展过程的训练规律和运动员训练水平发展可能性，把周期或阶段负荷与整个训练过程运动负荷发展趋势结合起来。各训练周期和训练阶段的负荷量和强度应加以控制，量和强度的上升要平缓。通常，先增加负荷量，在提高运动量的同时，减小负荷强度，待稳定一段时间后，再逐渐提高负荷强度，同时降低负荷量。全年负荷量和强度的高峰与低谷的波动差不宜过大。运动负荷的安排还应考虑初级运动员的文化学习，在复习考试期间运动负荷的安排可小一些，在寒、暑假期间运动负荷的安排可相应大些。

（六）确定全年训练过程的监控措施

训练计划的执行，并不意味着训练任务的完成，要达到年度训练的目标，必须对整个过程训练进行监督和控制。运动员的竞技能力处在一个不断的动态变化之中，它是训练效应的直接反映。为了掌握运动员竞技能力的变化情况，在一段时间训练后，必须对运动员的训练情况进行检查，以便及时地调节和控制训练过程。这项工作在制定年度训练计划时就应设计出监控方案，确定检查的时间、方式、内容和标准。

（七）初步完成训练计划草案

经过上述步骤，训练计划基本成型，按照计划规定的有关要求，编写出全年训练计划的草图和文字说明，并征求有关方面的意见。

（八）定稿和定图

在征求意见的基础上，对训练计划草案进行修改，最后定稿、定图。

四、散打年度训练计划的基本格式

通常，训练计划的格式可分为图表式和文字式。全过程的训练计划，时间跨度较长，计划内容的表达不必过于具体，故常用图表式来表达。图表式突出计划的直观性，注重计划内容的重点和各内容之间的协调关系。见下表：

年度训练计划的基本格式

全队基本情况												
年度任务												
月份	11	12	1	2	3	4	5	6	7	8	9	10
周期												
阶段划分												
训练任务												
训练内容												
训练方法												
内容比例												
负荷节奏												
检查性测验												
基本措施	1 2 3 4 5											

第四节　阶段训练计划

阶段训练计划是对年度训练大周期中某一特定训练阶段所作出的规划。武术散打阶段训练计划的时间跨度一般为 1~3 个月，又可把它称之为中周期训练，它具有很强的灵活性和可控性，对各种训练水平的计划起着承上（全年、多年训练计划）启下（周、课和单元训练计划）的作用。当年度训练计划在实施中出现偏差时，主要通过阶段中周期计划来调整。阶段计划又直接控制了十分重要的周课训练计划的安排。一般来讲，从小周期训练计划开始包括周课训练计划都是临时制定的，他们最直接的、相对稳定的依据就是阶段计划。阶段中周期计划一般是随年度大周期计划一起预先制定好的，从而沟通和保证大周期训练计划和中小周期训练计划之间的联系，使各个训练过程的计划成为一个完整的整体。但有时阶段训练计划也作为一种相对独立完整的计划。如为准备参加亚运会、世界武术锦标赛、全运会的赛前集训计划。

一、阶段训练中周期的种类和主要任务

阶段训练中周期多指年度大周期计划中的各类阶段中周期，其中最主要是根据一些重大比赛的需要而组织的中短期赛前集训阶段中周期。阶段训练中周期的基本类型可分为引导性中周期、基础中周期、测验训练性中周期、赛前中周期、比赛中周期和恢复调整中周期六种类型。

（一）引导性中周期

本阶段的基本任务是恢复正常的训练，逐步把运动员机体和心理引入正常训练状态，其特点是逐渐提高训练负荷，尤其是训练强度应平稳和逐渐上升，训练内容以一般训练为主。本阶段的持续时间较短为 2~4 周，水平越高的运动员其持续时间越短。

（二）基础中周期

其主要任务是提高运动员机要系统的机体能力，发展运动素质，形成技战术、战术技能。其特点是手段多样化，广泛运用于大训练量和大强度的大负荷训练课。

（三）测验训练性中周期

本阶段的主要任务是针对比赛活动特征，集成运动员在前两个中周期中所获得的能力。其特点是以提高专项训练水平和改进技、战术的训练内容为主，广泛运用接近于比赛的专项练习和比赛性练习。

（四）赛前中周期

用于比赛阶段与比赛阶段之间的过渡，其持续时间为4~6周。本阶段的主要任务是克服运动员在比赛中暴露出来的一些问题，提高技术和战术运用能力，并使运动员经前段训练所初步形成的竞技状态向最佳状态发展。其主要特点是训练内容高度专项化和集成化，突出技、战术训练和心理训练。根据运动员的竞技状态，采用加强或加负荷量的小周期训练，促进专项竞技能力的提高，或以减负荷的小周期训练，加快恢复，防止过度疲劳。

（五）比赛中周期

其主要任务是对运动员的体力、技术、战术和心理进行细致的调节，以最佳竞技状态参加比赛，并完成比赛任务。

（六）恢复调整中周期

其主要任务是使运动员尽快从前一训练周期的训练和比赛负荷中恢复过来，为进入下一周期做好准备。其持续时间取决于全年训练计划的安排、比赛期的长短及比赛的重要程度和运动员的个人特点等，训练内容以一般为主。

二、阶段训练计划的基本内容

1. 阶段中周期的训练目标和训练任务；

2. 阶段训练的时间安排及总周次等；
3. 各种训练内容、方法和手段；
4. 训练内容的比重；
5. 阶段训练过程的负荷节奏；
6. 监督检查的时间及指标；
7. 恢复措施与医务监督。

三、阶段训练中周期计划的基本格式

见下表。

阶段训练计划参考表格

<table>
<tr><td>训练目的</td><td colspan="9"></td></tr>
<tr><td rowspan="2">日期　月
周</td><td colspan="4"></td><td colspan="3"></td><td></td><td></td></tr>
<tr><td></td><td></td><td></td><td></td><td></td><td></td><td></td><td></td><td></td></tr>
<tr><td>训练阶段</td><td colspan="3"></td><td colspan="3"></td><td colspan="3"></td></tr>
<tr><td>主要任务</td><td colspan="3"></td><td colspan="3"></td><td colspan="3"></td></tr>
<tr><td>主要
训练
内容</td><td colspan="3"></td><td colspan="3"></td><td colspan="3"></td></tr>
<tr><td>训练内容
比例</td><td colspan="3"></td><td colspan="3"></td><td colspan="3"></td></tr>
<tr><td>主要
恢复
措施</td><td colspan="9"></td></tr>
<tr><td>检查性测验</td><td colspan="9"></td></tr>
<tr><td>负荷
节奏</td><td colspan="9"></td></tr>
</table>

第五节 周训练计划的制定

周训练计划是指以一周中的一系列训练课为基本单位安排的训练计划，也可称为小周期训练计划。小周期训练计划受阶段训练计划的制约，并保证阶段中周期训练计划的实现，是落实全年训练计划和规定周训练课次的训练任务、内容、方法的重要环节，因此是广大散打教练员十分重视的一种训练计划。尤其现代训练中，由于周训练课次和负荷剧增，因而小周期训练安排的科学性更具有重要的意义。

一、周训练计划的结构和内容

周训练计划主要由训练日或训练单元组成，通常以 7 天为基本单位，即由 7 个训练日构成。周训练普遍采用两段结构式，将全周的训练分为前半周和后半周。随具体安排作相应的调整，但是在一般情况下，前后半周的训练任务、内容和方法基本相同，只有负荷和训练手段的安排稍有不同，负荷的安排表现出明显的节奏性特点。

周训练计划的基本内容包括周训练的总任务与每天、每次课的具体任务与要求；周训练的日数、周总课次数和每天的课次数，以及每日或每次训练课的具体时间及安排；每日或每次课的主要训练内容；每日负荷及周负荷节奏；每日的恢复措施；测验及比赛的安排。

二、训练小周期的类型和任务

周训练小计划的类型主要是根据不同小周期训练任务来确定的。一般可分为：基本训练周、赛前训练周、比赛周和恢复调整周等四种类型。

（一）基本训练周

基本训练周以发展一般和专项学习，掌握技战术和提高竞技运动能力为训练目的。基本训练周可进一步分为引导性、发展性、强化性和适应性小周期。

1. 引导性训练周

引导性小周期的任务是将运动员的机体机能逐渐引导到基本训练过程中去，尽快地进入工作状态。其训练特点是：训练内容多样化，以一般训练内容为主；负荷量和强度不大，先由增加负荷量开始，逐渐增加训练负荷；训练时段常安排 1~2 周。

2. 发展性训练周

发展性小周期的任务是发展一般和专项运动素质、运动技能，提高运动员机体的训练适应性。其训练特点是：波浪式地渐进，提高运动负荷，负荷强度与负荷量的增加交叉进行；各种训练内容交叉组合，交替安排；运动素质和运动技术的提高过程相对稳定。

3. 强化性训练周

强化性训练周的任务是通过极限负荷的刺激，使运动员机体内环境平衡，使机体产生深刻的训练反应，以便促进机体适应更高负荷的刺激，达到提高比赛适应性的目的。其训练特点是：运动负荷大，甚至达到最高水平，负荷量和负荷强度中的任何一个处于最大限度时，都可引起机体产生强烈的反应。

4. 适应性训练周

适应性训练周的任务是通过相对稳定的负荷刺激，使运动员机体和不平衡状态向平衡状态转化，使竞技水平在新的高度上协调发展。其训练特点是：负荷强度相对较高，负荷量适度下降。负荷量的适度下降有利于保证原定负荷强度状况下的训练质量，使机体产生适应后能巩固所获得的训练水平。

（二）赛前训练周

赛前训练周一般安排在过度训练过程的赛前训练阶段，通常为 4~6 周。其任

务是协调竞技状态形成的各种条件，为运动员在比赛中创造优异成绩做好机能、技术、战术和心理的准备。其特点是：负荷量降低，在满足要求的负荷量的条件下，负荷强度增加至极限，等同于甚至高于比赛强度；强化比赛条件下的技、战术训练；调整心理状态，为进入竞赛做好应有准备。

（三）比赛周

比赛周的任务是根据散打比赛规程和项目特点，在比赛的过程中合理安排运动员的训练和生活，最大限度地保持运动员的最佳竞技状态。其训练特点是：调节运动员过于紧张的心理状态，保证饮食和睡眠的质量，以便竞技水平的正常发挥；适度安排赛间训练，防止运动员的体力和技术的水平下降。

（四）恢复调整周

恢复调整训练周的任务是通过降低训练负荷和采取积极性的恢复措施，消除运动员因长时间训练或激烈比赛而造成的身心疲劳，使机体产生超量恢复，为下一阶段的训练做好机能准备。其训练特点是：负荷量和强度明显下降，比赛后的恢复小周期量和强度应降低至全年的最低程度；多为一般性训练内容，比赛后可仅做一些放松性和恢复性的轻松练习，使运动员在精神上完全恢复。

初级散打运动员的周训练，基本使用基本训练周的引导性小周期、发展性、适应性小周期和恢复调整小周期训练计划。

三、制定周训练计划的基本步骤

（一）确定训练的任务。根据阶段训练任务、上周训练计划的完成情况和本周的实际情况，确定本周的训练任务和训练目标。

（二）确定本周训练所采用的训练小周期类型和周训练的次数。

（三）确定周训练的主要内容。训练内容的选择和确定，要考虑完成任务和目标的需要，不同内容负荷后机体的反应及恢复状况。上、下半周的内容大致相同，在半周的训练中则交替安排不同的训练内容。这样，既可以使各种竞技能力得到全面的发展，又可防止因负荷过于集中而引起的过度训练。

（四）确定运动负荷的节奏。周训练计划中要合理安排运动量和强度的变化节奏以保证多次训练课中交替安排的训练内容能够获得良好的训练效果。通常，周训练中的头两天，运动负荷逐渐加大；在上、下半周训练的转换处，安排一次恢复调整课，保持运动员的训练积极性和持续训练的体力。见下表：

中国武术散打队备战十三届亚运会某周训练计划表

周日 单元	一	二	三	四	五	六
早上	早操 3000 米计时	早操 5000 米变速直道冲刺变中速	早操 7000 米	早操 3000 米计时	早操 100 米冲刺 10 组	早操 10000 米计时
上午	1. 拳、摔组合练习 2. 踹腿、拳、摔练习 3. 抱摔技术练习 4. 沙人后摔练习	力量 10 深蹲大 130 公斤小 100 公斤 3×6 组 20 卧推大 80 公斤小 60 公斤 3×6 组	1. 摔法技术接腿摔；抱腿摔；夹颈摔 2. 拳法和摔法技术	1. 腿法与拳法进攻组合 2. 防反技术练习 3. 边台战术	力量 1. 深蹲大 130~150 公斤小 90 ~120 公斤 3 ×6 组 20 爆发力量 30×6 组	1. 腿法与拳法进攻组合 2. 拳法秘摔法进攻组合 3. 单个技术练习
下午	1. 拳法对练 2. 近身拳法摔法 3. 搂抱抢腰前抱 5×3 组	1. 拳法对练 2. 近身拳法摔法 3. 沙包 5×3 组	1. 拳法对练 2. 组合动作 3. 动作速度 5×4 组 4. 耐力沙包 5×3 组	1. 单个动作技术；侧踹；低鞭；高鞭 2. 速度沙包 3×4 组 3. 耐力沙包 3×4 组	1. 动作速度练习鞭腿对攻；踹腿对攻；鞭腿、踹腿对攻 2. 速度沙包练习 5×3 组	1. 单个技术动作重击练习 2. 组合动作速度练习 3. 力量耐力练习
负荷节奏	中	大	中	大	大	中

第六节　课训练计划的制定

各种训练计划都必须通过一次次的训练课去组织实施。制定好课的训练计划和保证每次课的训练质量，是提高竞技能力和达到预期目标的根本保证。训练课是运动训练最基本的组织形式；是根据周训练计划，运动员的实际及训练条件，

事先对训练课的内容、方法、负荷大小、操作步骤所做的设计和安排，是实施训练课的具体方案。现代竞技运动的发展，竞争越来越激烈，影响竞技能力的因素及发展过程越来越复杂，这就越需要事先对训练的基本组织形式——训练课进行精心的准备与设计，并把所设计的实施方案用文案的形式表现出来。

一、训练课的结构

一堂训练课一般由准备部分、基本部分和结束部分三个部分构成。

（一）准备部分

准备部分的主要任务是通过准备性的活动和工作，使运动员各器官系统的机能活动逐渐进入工作状态，为基本部分的进行做好身体上、心理上和思想上的准备。散打训练课的准备活动一般包括一般性准备活动和专门性准备活动。

1. 一般性准备活动采用慢滑步跑，活动身体各部分的徒手体操、反应性游戏，以及活动身体各关节的各种身体练习手段等。

2. 专门性准备活动是为了基本部分进行专项练习做好准备。多采用专项基本技术，以及专项基本技术的模仿练习等手段，加强该训练课主要专项练习所需的各器官系统的活动等。时间为 20~30 分钟。运动负荷应达本人承受负荷强度能力的 50%~70%，心率达 160 次/分左右。

（二）基本部分

1. 基本部分是一堂训练课最主要的部分，训练课的任务主要是通过基本部分来实现的。因此，从某种意义上说，训练课的任务主要就是基本部分的任务。

2. 时间一般占课的总时间的 60%~90%。训练课中必须根据周计划运动负荷的安排、训练课的任务、内容及运动员上一次课练习后恢复的情况等，安排好基本部分的运动负荷。

3. 课的基本部分训练内容安排的常规顺序：（1）学习和改进技术；（2）提高和完善技术；（3）发展速度能力和协调能力；（4）发展力量素质；（5）发展耐力素质。战术训练可贯穿在其他内容的训练之中，有时技战术的训练甚至是在运动员疲劳或极度疲劳的状态下进行，其目的不在于改进技、战术，而在于训练运动员适应比赛情况的能力。

（三）结束部分

1. 结束部分是一堂训练课最后一个部分，其主要任务是通过结束部分使运动员逐渐恢复到安静状态，包括生理和精神的两方面。

2. 时间一般为15~20分钟。运动负荷应根据人体生理机能活动变化的规律逐渐减小，从而使运动员各器官系统的活动逐渐减慢下来。

3. 放松参与运动的主要肌肉，使之尽快地恢复到运动前的状态，并使各种代谢机能处于适宜状态，如抖动、牵拉肌肉的练习和协调呼吸的练习等。总结训练课任务的完成情况，这对于解决技术、战术、体能、心理各方面的问题和引起运动员对其重视都大有益处。

二、训练课的任务

根据训练课的主要任务和内容可以将其分为身体训练课、技术和战术训练课、测验比赛课、综合训练课、调整训练课。

（一）身体训练课

身体训练课的任务是发展散打运动员的一般和专项运动素质，提高机体机能能力。其训练特点是训练内容和手段多样化，采用短跑、长跑、球类活动、负重练习、各种跳跃练习、柔韧练习、武术腿功和踢打沙袋等练习，提高一般和专项身体练习水平。一般来说，运动负荷较大（通常一般身体训练课的负荷较小，专项身体训练课的负荷较大）。

（二）技术和战术训练课

技、战术训练课的任务是使运动员学习和掌握拳法、腿法、摔法、步法及各种攻防技、战术，提高技、战术训练水平。其训练特点是：广泛采用为散打技、战术训练服务的各种专门和辅助性的练习，运动负荷的变化范围较大。一般来说学习和掌握散打技、战术的训练课，其负荷量较大，负荷强度较小，而巩固和提高技、战术训练水平的训练课，其负荷强度要大，并保持一定的负荷量。

（三）测验比赛课

以测验为目的的训练课往往安排在某个训练阶段结束时，通常测验检查训练的效果为制定下阶段的训练计划提供依据。比赛实战训练课常安排在基本训练期的技、战术训练过程中，尤其是在赛前训练阶段，其主要任务是提高运动员运用技、战术的实战能力和使运动员的精神、体力进入实战状态，其训练特点是训练内容单一，负荷强度大，达到甚至超过比赛强度。

（四）综合训练课

综合训练课在各个训练阶段都有较大的安排，用于同步发展各种竞技能力。例如：在课的准备活动中安排柔韧性训练，然后进行拳法、腿法训练或攻防战术训练，最后进行素质训练。综合训练课的训练特点是训练课的内容较丰富，多个训练内容交替安排，有利于运动员身心的调节，课的负荷视具体任务和具体内容而定。

（五）调整训练课

调整训练课主要安排在年度训练过程的休整期和一定阶段的大运动负荷训练之后，它的任务是对运动员疲劳的机体进行积极性的恢复和调整。其训练特点是大量采用球类活动、游戏、游泳和郊游等积极性恢复和放松性练习，以及医学、生物学、心理学等恢复手段，消除运动员的身心疲劳，课的负荷相对较小。

三、训练课计划制定

（一）确定课的任务

课的任务主要根据周计划的统一安排和运动员的现实状态来确定。一次课的任务可以是单一的，也可以是综合的准备期和比赛期的训练课，由于课的训练目的比较集中，单一任务的训练课多一些，其他大部分训练课为综合训练课，一次综合课的任务以安排 2~3 次为宜。一般来说对少年运动员运用综合训练课的数量多于青年和成年运动员，初级运动员的综合训练课多于高水平运动员，准备期的综合课多于比赛期，课的任务应具体、明确。

（二）确定课的训练内容

课的训练内容是训练课任务的具体体现，它包括身体素质、运动技术和战术等方面的个体内容。训练内容的选择和确定主要由课的任务和训练进度决定。

训练内容的确定还必须考虑合理安排训练内容的顺序，散打训练课的技术训练常按基本动作——拳法——腿法——摔法练习顺序安排，素质练习按柔韧——速度——力量——耐力顺序安排，肌肉的负荷部位则按上肢——下肢——全身顺序。把技战术训练放在课的前部分，耐力训练安排在课后部分；在体力好的时候安排速度性练习或力量训练，在运动员感觉疲劳的时候则安排耐力性练习。

（三）确定课组织形式与练习手段

课组织形式的合理安排能使运动员在规定的训练课时间内，最大限度地进行有效的训练。例如：循环组织形式是散打力量训练的主要组织形式，它适合于在训练人数较多、练习部位较多的情况下完成练习任务。集体练习的组织形式则适合练习性质相近的技术训练。

练习手段的选择要注意手段的功能特性，一般性、辅助性的练习常安排在准备部分的活动中，诱导性练习和专项练习手段多出现在课的基本部分，体力充沛的情况下则采用完整技战术动作的练习手段以及与专项技术相似的练习手段。

（四）确定课的运动负荷

课的运动负荷应与训练课的任务、内容、组织形式和练习手段的多样性相吻合。运动负荷实质上是由运动量、运动强度、练习手段形式和心理紧张程度四个因素组成，四种因素的变化，致使运动负荷具有多样性的功能。

安排课的运动负荷，要根据不同的训练目的严格加以控制。学习和掌握拳法、腿法、摔法的练习，其负荷量为中等或中上，负荷强度小或中等；改进和巩固技、战术的训练内容其负荷量为中等，负荷强度为中上或大；发展一般身体素质的训练内容，其负荷量为中上或大，负荷强度小至中等；发展专项运动素质的负荷量为中等至大，负荷强度中上或大。

四、课计划的基本内容和基本格式

（一）训练课计划的基本内容

训练课计划应简明、实用，其基本内容包括课的任务、课的结构与时间安排、练习内容与手段、各训练内容的负荷量与强度、练习的组织形式、练习要求和课后小结等。

（二）训练课教案示例

课目：散打专项

第×周　第×次课　　　　教师：　　　　年　月　日

<table>
<tr><td>课的任务</td><td colspan="4">1. 通过基本技术练习来加强运动员技术的规范性
2. 通过练习缠摔技术练习来提高运动员缠摔时的应变能力
3. 通过拳摔条件实战练习来加强运动员拳摔实战能力
4. 通过打拳靶练习来提高运动员上肢的击打功力
5. 通过背肌练习来加强运动员腰背部力量</td></tr>
<tr><td>课的部分</td><td>时间</td><td>课的内容</td><td>组织教法</td><td>运动负荷安排</td></tr>
<tr><td>准备部分</td><td>30 分钟</td><td>1. 集合
2. 热身活动

3. 柔韧性练习</td><td>布置训练任务
集体排成两路纵队，绕场地慢跑，同时活动各关节
要求：充分活动开，出汗
分开练习各部位柔韧，包括压肩压腿、踢腿等</td><td>（3 分钟）
（12 分钟）

（15 分钟）</td></tr>
</table>

（续表）

基本部分	110分钟	1. 基本技术　集体排成两路纵队行进间练习各种腿法、拳法、拳腿组合技术（20分钟） 要求：技术规范、速度快 2. 缠摔技术　两人一组配对，以练习缠摔技术为主，每组3分钟×6组，组间歇息1分钟（30分钟） 要求：掌握摔法技术动作 3. 拳摔实战　两人一组配对打拳摔实战，每组3分钟×5组，组间歇息1分钟（25分钟） 要求：主动抢点，抢摔，速度快，爆发力强 4. 打拳靶　每两人一组打拳靶，每3分钟后交换，每人打5组（40分钟） 要求：经组合技术击靶，速度快，爆发力强 5. 腰背肌练习　集体练习腰背肌，每组1分钟×2×5组，组间歇息1分钟（20分钟）
结束部分	10分钟	1. 放松　相互按摩（10分钟） 2. 整队　小结下课
器材设备		
课后小结		

第七章　散打运动员常见运动性伤病的预防与救治

运动性伤病包括运动损伤和运动性病症。运动损伤是指机体在运动中内力、外力的作用下引起的一系列急慢性损伤。运动性病症是指因训练、比赛安排不当或负荷过大而造成的运动员身体机能下降，或功能紊乱所出现的各种疾病与症状。

第一节　概　述

一、运动性伤病预防与救治的训练学意义

作为技能类格斗对抗性项目的散打运动，以互相击打为对抗的基本形式，比赛中对抗激烈，动作变化快，运动强度高，难免会发生伤病。即使是在没有对抗性的训练中，也常常由于种种原因，导致伤病的发生。

运动性伤病不仅会影响运动员训练和比赛，妨碍运动成绩的提高，甚至会缩短运动寿命，乃至过早地结束运动生涯。而且，严重的损伤还会导致伤残或丧失生命。另外，运动性损伤会给运动员和群众带来不良的心理影响，有碍散打运动的推广与普及。因此，研究散打运动员运动性伤病发生的原因和规律，采取有效的预防和及时合理的救治，是散打运动训练中不可忽视的问题，具有重要的实践意义。

伤病的有效预防，可以减少训练中意外的发生，使运动训练得以持续健康地进行，保证运动员训练水平不断提高。对意外或突然发生的损伤事故进行急救和有效的临时处理，可以保护伤者的生命安全，避免再度伤害，减轻痛苦，

预防并发症，为转运和进一步治疗创造条件。另外，伤病及时合理的治疗和康复，可以阻止急性伤病的发展，促进慢性伤病的早期康复，促使运动员尽快恢复运动能力。

散打运动员运动性伤病中，运动损伤占主要地位。常见的运动性病症主要有运动性血尿、运动性贫血和低血糖等几种，其发生原因主要与运动员身体状态和运动负荷有关，这部分内容放在本章第四节论述。以下各节主要针对运动损伤进行探讨。

二、常见运动损伤的发生特点

散打运动员运动损伤的发生与散打训练安排、技术动作特点、运动员的身体素质与训练水平、运动环境等因素有关。

与其他项目相比，散打运动员的损伤发生率较高，尤其是专业运动员发生率更高。对 1996 年全国武术锦标赛中散打团体赛和个人赛参赛的 213 名男运动员的检查与调查统计表明，100%的运动员都曾发生过两次以上的损伤。

散打运动员的损伤可以发生在全身各部，但各部位各种类型损伤的发生率也有较大差别。总的来说，在相互对抗中，引起的鼻黏膜损伤出血最为常见，其次是身体各部位的擦伤，尤其是小腿部的擦伤。上肢损伤以肩关节脱位、肩袖损伤、肘内侧软组织挨伤、指间关节损伤最多见。下肢最常见的是小腿部擦伤、膝关节内外侧副韧带损伤、踝关节扭伤、足背挫伤及足舟骨和跖骨骨折。尤其是在比赛中不戴护头、护胸、护腿时，损伤发生几率更大，尤其是头部损伤，还常发生眉弓或眼角开裂。

虽然人们较多注意散打运动员在比赛中发生的损伤，但是，大多数损伤还是发生在训练中。据统计，比赛中发生的损伤只占 28%，训练中发生的损伤占 72%。训练中发生的损伤有急性也有慢性，但以慢性和劳损性损伤为主。比赛中发生的损伤则主要是急性损伤，另外也有部分是旧伤复发或加重。

有人对 44 名散打专业男生在训练中的损伤做过调查，结果显示，散打运动训练过程中损伤的发生主要在关节部位。发生率从高到低依次为腕—膝—趾—踝—指（表 1）。分析原因，主要是因为某些关节灵活性强，不稳定，承受力差，在剧烈运动时重心不稳的情况下，关节易向一侧倾斜，就可能造成关节的扭伤。另外，关节经常做超幅度的运动，使关节头与关节面不吻合，不断旋转碾磨，也是关节损伤高发的原因。

表 1　散打训练损伤部位统计表

	指	腕	肘	肩	颈	胸腹	趾	踝	小腿	膝	大腿	髋	合计
例数	19	32	9	15	10	5	25	23	12	31	3	8	192
构成%	9.8	16.6	4.7	7.8	5.2	2.6	13	12	6	16	1.5	4	100
合计	（上肢）75 例				10	5	（下肢）102 例						192
	38.9%				5.2	2.6	52.5%						100

（引自朱翠立，2000）

有人对 10 名不同级别的散打运动员在某一场比赛中的损伤情况的调查表明（表 2），在比赛中的损伤规律与训练中基本一致，即下肢损伤率最高，其次是上肢，躯干占第三位，头部损伤最少。究其原因，散打运动中下肢负担最大，又是主要击打和被打部位，没有上肢灵活。上肢由于部位高、面积小，也较灵活，故损伤率较下肢少。躯干是主要被攻击对象，但相对距离较远又有上肢防护，位列第三。头部因部位较高、被击打面积小、又是重点保护的部位，损伤率最低。

表 2　散打竞赛中运动员各部位损伤次数与损伤率

	下肢	上肢	躯干	头部
损伤次数	67	56	45	25
损伤率	41%	30%	24%	14%

（引自戴伟宇，1999）

从损伤的解剖学性质上看，散打运动员的损伤主要是软组织损伤，包括肌肉、韧带、肌腱、筋膜、关节囊、腱鞘和皮下组织等，但也有骨组织和内脏器官的损伤，如大脑的损伤。戴氏的统计结果表明，肌肉损伤居第一位，关节损伤占第二位，骨性损伤占第三位（表 3）。这基本反映了损伤由浅入深的规律。肌肉面积大且表浅，故最易受伤。骨头硬且位置深，又有肌肉包裹，所以受伤最少。

表 3　散打比赛中肌肉、关节和骨性损伤次数与损伤率

	肌肉	关节	骨性
损伤次数	49	23	19
损伤率	43%	34%	26%

（引自戴伟宇，1999）

从专项技术过程和特点的角度看，散打运动竞赛中的损伤有这样一些特点：第一、被动挨打性损伤率最高，损伤程度较严重；第二、主动进攻损伤次之，损伤程度较轻；第三、空打性损伤率较低，但损伤程度较严重。

第二节　散打运动员常见运动损伤的发生原因和预防

掌握运动性损伤的发生原因和规律，采取全面和有针对性的预防措施，防患于未然，是运动员和教练员必备的知识。

一、常见损伤的发生原因

（一）思想上重视不够，缺乏运动损伤预防的必要知识

散打运动损伤的发生，常与训练组织者、指导者和参与者对预防运动员损伤的意义认识不足、思想上麻痹大意及缺乏必要的预防知识有关。有些教练员实施训练不系统，缺乏安全意识，不重视安全教育，在训练和比赛中没有积极采取各种有效的预防措施，发生运动损伤后，也不认真分析原因、总结经验教训，使伤害事故时有发生。

（二）缺乏合理的准备活动

准备活动的目的是进一步提高中枢神经系统的兴奋性，增强各器官系统的功能活动，使人体从相对的静止状态过渡到紧张的活动状态。据国内有关调查资料的分析，缺乏准备活动或准备活动不合理，是造成运动损伤的首要原因。散打运动训练中在准备活动问题上常存在的问题有：

1. 准备活动不充分

散打运动训练中，常用的练习程序是先做一些热身活动，将神经系统的兴

奋程度和其他各器官系统的功能活动适度动员起来，然后进行压腿、踢腿、下叉等专项练习。这些练习的动作幅度大、速度快，要求相应的对抗肌不仅具有很好的伸展性，还必须具备及时放松及协调配合的能力。如果准备活动不充分，肌肉的伸展性没得到充分改善，神经系统的兴奋性也较低，对抗肌弹性和伸展性较差，不能及时而充分地放松，进入练习时操之过急，猛踢、猛打、猛拉，就容易发生肌肉和韧带拉伤。朱氏的调查统计表明，在训练中，准备活动不充分是运动损伤发生的首要原因，其次才是疲劳和技术动作错误等引发的运动损伤（表4）。

表4　散打训练中损伤发生原因统计表

	准备活动不充分	疲劳	带伤训练	局部负担过大	技术动作错误	没戴护具	合计
例数	26	16	15	9	16	14	96
构成(%)	27.1	16.6	15.6	9.4	16.6	14.6	100

（引自朱翠立，2000）

2. 准备活动的内容与正式练习的内容结合得不好，或缺乏专项准备活动

充分的准备活动需要结合专项运动来设计，有主有次。没有针对性的准备活动，使运动中负担较重的部位没有得到充分地预备，或者两次训练活动间的间歇时间较长，运动员忽视进入第二次练习前的准备活动，以及因长时间的停训休息后，消退的专项条件反射性联系尚未恢复时，幅度过大、力量过强、速度过快的动作都会造成关节韧带扭伤、肌肉拉伤。

3. 准备活动的时间过长、量过大

准备活动时间长、负荷量大，易造成身体疲劳，此时参加正式运动时，身体的机能水平不是处于最佳状态而是有所下降，剧烈运动时身体容易受伤。

（三）技术动作的错误

由于技术动作的错误，违反了人体结构功能的特点及运动时的力学原理而造成的损伤，这也是初次参加运动训练的人或学习新动作时发生损伤的主要原因。

在学习动作时没有掌握正确的动作要领，不注重动作的技术环节，一味追求效果，急于求成，或者过于侧重力量性练习，忽略了柔韧性、灵活性练习，都会导致技术动作失误，造成损伤，而精神紧张和疲劳，或劳损的肌肉则是形成错误动作的重要原因。

（四）运动负荷（尤其是局部负担量）过大

安排运动负荷时，没有充分考虑到运动员的生理特点，运动负荷超过其可以承受的生理负担量，尤其是局部负担过大，引起过度疲劳、酸性物质积累，致使肌肉的弹性、伸展性、力量和协调性降低，在受到快速牵拉时，很容易损伤，即使未发生大的损伤，但长期微细损伤的积累也易造成慢性劳损，是专项训练中造成运动损伤的主要原因之一。

（五）身体机能下降

在睡眠或休息不好、患病受伤或损伤初愈阶段，以及疲劳等身体机能下降时，肌肉力量、动作的准确性和身体的协调性显著下降，甚至技术熟练的运动员，在这种情况下也可能发生运动技术错误，而引起损伤。同时，随着生理机能的下降，运动员的警觉性和注意力减退，反应较迟钝，此时参加剧烈运动或练习较难的动作，就很容易发生损伤。

（六）心理状态不良

运动员参加训练或比赛时的心理状态与运动损伤的发生也存在着一定的关系，如心情不好、情绪低落或急躁、训练缺乏自觉性和积极性、注意力不集中、兴奋不起来，这时参加运动训练或者比赛就很容易受伤。心情急躁、急于求成，或者信心不足、胆怯犹豫，以及赛前过于紧张，场上心慌意乱等都会造成运动员自控能力差，常导致损伤发生。运动员好胜心和自我表现意识强，不顾主客观条件的允许，盲目或冒失地进行运动与比赛，或者心理品质训练不够，缺少勇敢、果断、坚毅和胜不骄、败不馁的自控能力时，也常常引起损伤的发生。

（七）组织方法不当

在训练中，不遵守循序渐进和个别对待的原则；实战训练和比赛中分组不合理；在组织方法上，由于学生过多，教师缺乏及时正确的指导和保护；比赛日程安排不当、场地和时间任意更改，以及允许有病或身体不合格的人参加比赛等。这些都可成为受伤的原因。

（八）场地设备缺陷

运动场地不平，有小碎石或杂物；地垫维护不良，年久失修，表面不光滑、有裂缝，或密合不严，边界区有缝隙；缺乏必要的防护用具（如护头、护裆、护腿、护腕、护踝等）。

（九）不良气候的影响

气温过高易引起疲劳和中暑，气温过低易发生冻伤，或因肌肉僵硬、身体协调性降低而引起肌肉韧带损伤；潮湿高热易引起大量出汗，发生肌肉痉挛或虚脱；光线不足、能见度差，影响视力，使兴奋性降低和反应迟钝而导致受伤等。

二、常见损伤的预防原则与措施

（一）重点预防

训练中的损伤以慢性损伤居多，这些慢性损伤可由一次急性损伤后处理不当，或恢复训练过早而转变成慢性损伤造成，但更多的是因运动负荷安排不当，局部负担过重引起多次微细损伤的积累而成。因此，除做好急性损伤的正确处理之外，更重要的是要科学地安排训练，防止肌肉和骨等各种组织的劳损发生。

在实战训练或比赛中，急性损伤相对较多，而劳损较少，这时要注意急性损伤的预防。在损伤种类的构成比上，关节扭伤占首位，其中以腕关节、膝关节及踝关节扭伤最为多见（表1）。因此，尤其应加强手腕、膝关节及足踝关节的力量训练，以及有关各项技术动作的训练和指导。

（二）运动损伤的预防原则和措施

1. 加强思想教育

平时要积极认真地对运动员开展预防运动损伤的宣传和教育工作，使其在运动训练和比赛中克服麻痹大意思想，并要求掌握运动损伤的预防知识，采取各种行之有效的预防措施，认真贯彻预防为主的方针。

2. 合理安排教学、训练和比赛

教练员要根据运动员的年龄、性别、健康状况和运动技术水平，认真研究技术动作，估计哪些动作不易掌握和哪些技术动作容易发生损伤，做到心中有数，事先采取相应的预防措施。加强全面训练，合理运用各种形式的身体练习方法，全面提高运动员的身体素质。加强基本技术教学，使学生正确掌握踢、打、摔、进退、攻防等动作要领，掌握正确的动力定型。即使是运动成绩较好的儿童少年，也应在全面训练的基础上结合专项训练，不宜过早或片面地进行专项训练，也不要过早地要求他们出成绩。合理安排运动负荷，尤其要注意运动器官的局部负担量和伤后体育活动的安排，要避免单一的训练方法，防止引起局部负担量过大。儿童少年活泼好动，即使身体出现疲劳时仍然表现出对体育活动的强烈愿望和浓厚的兴趣，对此要适当加以调整或抑制。要遵守循序渐进、个别对待等教学训练原则。

3. 认真做好准备活动

正式训练和比赛前都要认真做好准备活动。准备活动的内容要根据训练和比赛的内容和特点而定，既有一般性准备活动（跑步、关节操、热身操），又有专项准备活动，使准备活动最后部分的内容与训练（或比赛）的基本内容相似。对运动中负荷较大和易伤部位，要特别注意做好准备活动，适当地做一些力量性和伸展性练习。

准备活动的量要根据运动员的特点、气候环境和教学训练及比赛的情况而定。一般认为，兴奋性较低、天气寒冷时，准备活动的时间可稍长些。相反，兴奋性较高，或天气火热时，准备活动的时间可短些。已伤部位的准备活动要

谨慎小心，全套准备活动要循序渐进。准备活动的量应以身体感到发热并微微出汗为宜。

准备活动结束距正式训练或比赛之间的时间不宜过长，应尽快进入正式训练或比赛。在运动中若间歇时间过长或教学训练转折时，都要补做准备活动。

4. 加强易伤的训练

循序渐进地加强易伤部位或相对较弱部位的训练，提高这些部位的功能，是预防运动损伤的一种积极手段。例如，为了预防髌骨劳损，可采用“站桩”的方法以增强股四头肌和髌骨功能；为了预防腰部损伤，除加强腰背肌训练外，还应加强腹肌力量的训练，有助于防止脊柱过伸而造成腰部损伤；为了预防股后肌群拉伤，要加强股后肌群的力量和伸展性练习等。

5. 加强保护和自我保护

保护在散打训练和比赛中十分重要，因为它是一项激烈对抗性项目，很容易发生失误或被击受伤。尤其是刚刚参加训练的练习者，判断和控制能力差，应该穿好护具，做好自我保护。

每名散打运动员，都应掌握自我保护的方法，如身体失去平衡时，应立即调整重心以保持身体平衡；当快要跌倒时，要立即低头、屈肘、团身，以肩背部着地顺势做滚翻动作，而不可直臂撑地；从高处跳下时，要用前脚掌着地并同时屈膝，以增强缓冲作用等。教师要把保护和自我保护的知识与方法传授给学生。

6. 加强医务监督

对参加运动训练的运动员，都要定期进行体格检查。

参加重大比赛的前后，要进行补充检查或复查，以了解体育锻炼或比赛前后的身体变化。对患有各种慢性病的人，更要加强医学观察和定期或不定期的健康检查。禁止损伤患者或身体不合格的人参加剧烈运动或比赛。要做好自我监督，身体若有不良反应时，应认真分析原因，必要时请医生做医学检查。

要认真做好运动场地、器材和个人防护用具的管理和安全卫生检查，对已损坏的场地设备要及时维修。禁止穿着不合适的服饰和护具参加训练。

平时要加强体育保健知识的宣传和教育，增强自我保护意识，提高遵守体育卫生要求的自觉性。

7. 做好运动损伤的调查和统计

造成运动损伤的原因很多，只有通过调查、统计和分析，了解运动损伤的发生原因和发病规律，才能采取有效的预防措施。填写运动操作登记卡，是调查、统计和分析运动损伤的基本方法，应做好这方面的工作。

第三节　散打运动员损伤的现场急救和处理

一、急救的原则和注意事项

急救时首先解决主要问题，即救命在先，做好休克的防治。损伤时伤员常因出血、疼痛而发生休克。在现场急救时，要注意预防休克，若发生休克，必须优先抢救。其次，骨折、关节脱位、严重软组织损伤或合并其他器官损伤时，应做好伤部的包扎固定，以便安全转运和预防并发症。

急救必须分秒必争，力求迅速、准确、有效，做到快救、快送医院处理。救护人员要保持镇静，切不可惊惶失措或顾此失彼，即使出现危急情况也应镇静并有条不紊地进行抢救工作。经急救处理后，应陪伴伤员到医院，并向医生介绍发病情况和急救经过。

二、休克及其急救处理

休克是人体遭受体内外各种强烈刺激（如剧烈疼痛和大量出血）后发生的一种全身急性循环衰竭综合症。有效循环血量的锐减导致组织器官的缺氧和代谢紊乱，若不及时抢救，可引起伤员的死亡。

（一）病　因

1. 骨折、脱位、严重软组织损伤、睾丸挫伤后的剧烈疼痛引起周围血管扩

张，使有效循环血量相对减少，这是引起散打运动员休克的主要原因。

2. 损伤导致大血管破裂、腹部挫伤合并肝脾破裂等大出血引起血容量突然降低，使有效循环血量不足。这种情况较少见。

3. 过度疲劳、饥饿、寒冷、酷暑等，是休克发生的重要诱因，并能加重休克程度。

(二) 征　象

休克的发生分为兴奋期和抵制期。

1. 兴奋期。休克的兴奋期紧跟损伤而出现，它是抵制期的前导，只持续几分钟乃至数秒钟。此期伤员多表现为烦躁不安、呻吟和叫唤，表情紧张，面色苍白，脉搏快而有力，呼吸急促，血压正常或稍高。若能及时抢救可避免进入抵制期。

2. 抵制期。伤员出现明显病容，如精神萎靡，表情淡漠，口渴，头晕，出冷汗，四肢发凉，脉搏快而无力，血压下降。严重者出现发绀（面色、口唇青紫）、昏迷。

(三) 急　救

立即让伤员平卧休息，保暖但勿过热，以免皮肤血管扩张而影响内脏器官的血流量并增加机体耗氧量。昏迷患者，应松解衣领，侧偏头部，将舌牵出口外以保持呼吸道通畅，必要时可给氧或人工呼吸。针刺或用手指掐点人中、内关、足三里、合谷等穴。针刺时用强刺激手法。骨折或脱位的伤员，应做必要的急救固定。伤处有出血时，应及时采取适当的方法止血，疑有内出血的患者，应尽快送医院处理。疼痛剧烈时应给镇痛剂和镇静剂，以减轻痛苦，防止休克加重。

休克是严重而危险的病理状态，在进行现场急救的同时，应迅速请医生处理，或尽快将伤员送到医院。

三、骨折及其急救处理

所谓骨折是指骨的连续性遭到破坏，分为完全性骨折、不完全性骨折（如骨裂)、开放性骨折和闭合性骨折。在散打运动中，由于强烈的对抗性，骨折时有发生。一旦发生骨折或疑似骨折时，应按相关要求进行现场急救。

(一) 骨折的征象与诊断要点

1. 剧烈疼痛。发生骨折的当时，疼痛较轻，但随后疼痛加重，活动肢体时更痛。持续剧痛可引发休克。

2. 明显的肿胀和淤血。骨和周围软组织血管破裂，导致局部明显出血和肿胀。

3. 独特畸形。完全骨折时，常因暴力作用和肌肉痉挛，使骨折断端移位，出现伤肢缩短、侧突成角或旋转畸形。

4. 假关节活动和骨擦音。四肢长骨完全骨折时，骨折处出现类似关节的异常活动，称假关节活动。移动肢体时因断端相互摩擦而出现骨擦音，这是完全性骨折的特有征象。在检查时要谨慎小心，决不可有意去寻找异常活动和骨擦声，以免加重损伤和增加伤员痛苦。

5. 敏锐压痛和震痛。骨折处有敏锐的压痛，轻轻叩击远离骨折的部位，在骨折处出现疼痛加重。

6. 功能障碍。因疼痛、肌肉痉挛、骨杠杆作用破坏和周围软组织损伤等造成功能障碍，肢体多不能站立、行走或活动。

独特畸型、假关节活动、骨擦音是骨折的三大特殊症状，有其中之一者，即可确诊有骨折存在。其他作为可疑征象，尚须最后拍 X 光片确诊，尤其是骨裂。

症状较轻的骨折常无明显的全身症状，严重骨折可因剧痛、出血或神经损伤而发生休克。

(二) 骨折的急救原则

1. 防治休克。严重骨折、多发性骨折或同时合并其他损伤的伤员，易发生休克。急救时要注意预防休克，若有休克必须先治休克，再处理骨折。

2. 就地固定。骨折后及时用夹板固定，以避免断端移动，防止损伤加重。由于固定后伤肢较为稳定，因此可减轻疼痛，且便于伤员转运。而未经固定切不可随意移动伤员，尤其是大腿、小腿和脊柱骨折的伤员。

3. 先止血再包扎伤口。伤员有伤口出血时，应先止血，清洗创面，再包扎

伤口并固定。为暴露伤口，可剪开衣服、鞋袜，切忌用手脱下。

（三）包扎固定注意事项

夹板的长短和宽窄要适宜，使骨折处的上下两个关节都固定。若无夹板时，可用树枝、竹片等代用品。夹板要用绷带或软布包垫，夹板的两端、骨突部和空隙处要用棉花或软布填妥，防止引起压迫性损伤；肢体明显畸形而影响固定时，可将伤肢沿纵轴稍加牵引后再固定；缚扎夹板的绷带或宽布条应缚在骨折处的上下段；固定要牢靠，松紧度应适中，过松则失去固定作用，过紧会压迫神经血管。因此，四肢骨折固定时应露出指（趾）端，若发现指（趾）端苍白、发麻、发凉、疼痛或呈青紫色，应立即松解夹板，重新固定。上肢骨折固定后，用悬臂带将患臂挂于胸前，下肢骨折固定后，可将患腿与健腿捆缚在一起。经固定后尽快将伤员送到医院，争取及早治疗。

四、关节脱位及其急救处理

关节脱位、又称脱臼，是指关节面之间失去了正常的连接关系。散打运动中最常见的是肩关节脱位。在关节发生脱位时，由于暴力作用还可伴有关节囊撕裂和关节周围软组织牵拉伤，严重时还可伤及神经或伴有骨折。

（一）关节脱位的征象与诊断要点

1. 疼痛、压痛、淤血、肿胀。受伤关节周围广泛疼痛、压痛，组织损伤严重时，淤血、肿胀明显。习惯性脱位时症状较轻或不明显。

2. 特有的畸型。关节脱位使关节骨端脱离正常的位置，关节周围的骨性标志相互关系发生改变，破坏了患肢原有的轴线，整个肢体呈一种特殊的姿势并与健侧不对称，如肩关节脱位时的“方肩畸形”、肘关节后脱位时的“靴样畸形”。触摸关节周围也可发现移位的骨端。

3. 弹性固定。脱位后关节周围未断裂的肌肉痉挛可将脱位的骨端保持在特殊的位置上，对此关节做任何被动运动时，虽然有一定的活动度，但存在弹性阻力，当去除外力后，又会回到原来的特殊位置，这种体征称为“弹性固定”。

4. 功能障碍。关节结构异常，其周围肌肉的损伤、疼痛，使关节失去正常活动功能。

特有畸形和弹性固定是关节脱位后的特有体征，其中任何一项都可确诊关节脱位的存在。最后尚须到医院通过 X 光检查，可确定脱位的具体情况及是否伴有骨折。

（二）关节脱位的急救原则

关节脱位后，在没有医生或整复技术时，不可随意施行关节整复手术，以免加重关节周围软组织损伤。其急救原则与骨折基本相同。伤后就立即用夹板、绷带或三角巾将伤肢固定于脱位时所形成的姿势，尽快送到医院，争取及早复位。

第四节　散打运动员常见运动性伤病的诊断与治疗

一、运动损伤

（一）擦　伤

擦伤是皮肤受到粗糙物体表面的外力摩擦所致，皮肤被擦破后主要表现为出血或组织液渗出。散打运动员踢靶、打靶或相互对抗时，脚面、手、臂、口、眉、鼻等部位都有可能出现擦伤。

创口浅、面积小、无异物污染的皮肤擦伤，训练和比赛时可直接喷上“好得快”等同类药物后继续训练和比赛。待比赛、训练结束后，用生理盐水或凉开水洗净创口，周围用 75%酒精棉球消毒，创口上涂抹 2%的红汞药水或 1%~2%的龙胆紫，待干即可，无须包扎。但面部擦伤最好不用紫药水涂抹，关节附近的擦伤也不宜使用暴露疗法，因为干裂后既影响运动又易感染，还有可能波及关节，可采用 5%~10%的磺胺软膏或青霉素软膏涂敷。

大面积的擦伤，易受感染，应先用碘酒或酒精在伤口周围消毒，再用生理盐水清除伤口异物，外敷凡士林或 1‰雷弗奴尔纱布，用胶布固定。对于污染较严

重的伤口，先将异物彻底清除，再用纱布覆敷伤口，由医生清创后，还要施用抗菌药物和注射破伤风抗毒血清。感染的伤口应每日换药。

（二）撕裂伤

散打运动中的撕裂伤多发生于面部，尤其是眼角、眉弓部，还有额部、唇部，主要是由于暴力打击所致。唇部还可因护齿或牙齿切割黏膜而致伤。

当发生面部撕裂伤以后，为了继续比赛，可先用生理盐水冲洗，再用肾上腺素液棉球压迫止血，后用粘胶封合。待比赛结束后再详细处理或到医院做治疗。

眼角、眉弓及额等其他部位撕裂伤，轻者可先用2.5%的碘酒和75%的酒精将伤口周围皮肤消毒，再用消毒纱布覆盖，加压包扎，伤口小者，可用粘膏粘合即可。伤口大、深或污染重者，应及时送医院，由医务人员做清创术，消除污染、异物和坏死组织，彻底止血，缝合伤口，口服或注射抗菌药物以防感染，注射破伤风抗毒血清。

口唇部切割伤，应视口腔黏膜的溃烂和肿胀程度不同，酌情处理。轻者用生理盐水洗净后用消毒棉球压迫止血即可，重者送医院后先用生理盐水洗刷，再清创、止血和缝合，并口服或注射抗菌药物以防感染及预防破伤风。

（三）挫　伤

挫伤是钝性暴力作用人体某部时，引起皮下深部组织闭合性损伤。在散打运动中，相互冲撞、被踢到，或失衡倒地时，自我保护不合理，碰击在器械上（如擂台边缘），都有可能发生挫伤。轻者仅是皮下组织（如肌肉、韧带等）挫伤，重者（如头、胸、腹部和睾丸挫伤）常因某些器官的损伤而合并休克。在散打运动中比较常见的是股四头肌和小腿前部挫伤。

1. 征象

疼痛（先轻后重，一般持续24小时）、压痛、出血、肿胀、功能障碍。出血可表现为淤点、淤斑及皮下组织中局限性积血（血肿）。挫伤重者疼痛和功能障碍较明显。

复杂性挫伤因伴有一些合并症而较为严重，如头部挫伤后，轻者可发生脑震荡，重者可能会造成颅骨骨折而合并脑挫伤以致危及运动员的生命。大、小腿肌肉挫伤严重时，可引起股四头肌及腓肠肌肌肉或肌腱断裂，后期有时还会出现继发钙质沉着骨化，形成骨化性肌炎。胸部挫伤可合并肋骨骨折，甚至肺脏损伤形成气胸或血胸。睾丸挫伤可因剧烈疼痛而引起休克。腰腹部挫伤可合并肾挫伤和肝、脾破裂而引起内出血和休克。少数挫伤可继发感染性化脓。严重的挫伤形成的血肿有时会妨碍血液循环，引起局部肌肉的缺血性挛缩。

2. 处理

对于单纯性挫伤，立即施行局部冷敷新伤药，加压包扎，抬高伤肢。对于复杂性的挫伤，如有休克症状时，应首先进行抗休克处理，再将伤员放在适当位置休息。如果睾丸挫伤，应以三角带吊起，卧床局部冷敷。胸肋部、腰腹部、头部挫伤伴有严重合并症时应在局部冷敷、止血、止痛处理后急送医院。肌肉、肌腱断裂者在将肢体包扎固定后，送医院治疗。

（四）肌肉肌腱拉伤

由于肌肉主动地猛烈收缩，其收缩力超过了肌肉本身所承担的能力，或肌肉受力牵伸时，超过了肌肉本身特有的伸展程度时，就会造成肌肉拉伤。拉伤可发生在肌腹或肌腱交界处或肌腱的附着处。由于致伤力的大小和作用性质不同，可引起肌肉、肌腱部分纤维断裂、完全断裂或微细损伤。除肌肉本身的拉伤外，常可同时合并肌肉周围的辅助结构如筋膜、腱鞘和滑囊的损伤。

比赛或训练前准备活动不充分，肌肉的弹性伸展性差，长时间训练和连续比赛，疲劳积累，肌肉会有僵硬、酸痛感，力量减弱，协调性差，注意力不集中，都有可能造成肌肉拉伤。

1. 征象

局部疼痛、压痛、肿胀、肌肉紧张、发硬、痉挛，功能发生障碍。当受伤肌肉主动收缩或被动拉长时疼痛加重，肌肉收缩抗阻力试验为阳性。肌肉断裂者，受伤时会有明显感觉，常能听到断裂声，受伤部位肿胀明显，皮下淤血严重，局部用手可摸到凹陷或一端异常膨大。

2. 处理

肌纤维轻度拉伤及有肌痉挛者，用针刺法（阿是穴斜刺法）或伤部局部注射

肾上腺皮质激素类药物可以取得很好的疗效。肌纤维部分断裂者，伤后马上给冷敷、局部加压包扎、适当制动、抬高伤肢，并将患肢放在使受伤肌肉松弛的位置以减轻疼痛。在48小时后可进行按摩（揉、捏、搓或点穴），但手法要轻缓。对怀疑有肌肉、肌腱完全断裂者，应在局部加压包扎固定患肢后，立即送医院确诊，必要时进行手术缝合。

(五) 击　昏

击昏是一种近似休克的非常严重的情况，击昏时伴随出现的是机体机能的急剧障碍。在散打运动中，下腭、鼻梁、颞部、颈部侧面、腹腔神经丛部、两侧肋骨下方受重击时，均可发生昏迷现象。

1. 症状与诊断

击昏的典型症状是步态不稳、摇摇晃晃、状如醉酒，或倒地，意识丧失（时间长短不等）、脉搏减弱、呼吸表浅、血压降低、肌张力减低、腱反射减弱。

2. 急救和处理

发生击昏后，立即平卧休息，意识丧失者可使用催醒法（嗅氨水、掐人中等），必要时注射强心剂。没有合并症者一般愈后良好。

(六) 脑震荡

脑震荡是颅脑损伤中最轻的一种急性闭合性损伤。一般是指头部遭受暴力作用后，脑的神经组织受震荡而引起大脑暂时性的意识和机能障碍，无明显器质性病变，但脑震荡可与其他颅脑损伤（颅内血肿、脑挫伤、颅骨骨折）合并存在，故应引起重视。

1. 征象

头部受伤后即刻发生轻度的短时意识障碍，轻者几秒钟，重者也不超过半小时。昏迷时全身肌肉松弛无力，面色苍白，瞳孔放大，皮肤和腱反射减弱或消失，脉搏细弱，呼吸表浅。患者清醒后有逆行性健忘症（即对受伤情景甚至受伤前一段时间的事不能回忆，但对往事能清楚记忆），常伴有头痛、头晕、耳

鸣、心悸、失眠等症状，少数患者可能会有恶心、呕吐、心烦不安、注意力不集中等现象，并可因头部活动或情绪紧张而加重。以上症状大多于数日后逐渐减轻或消失。

2. 处理

急救时，必须让伤员安静、平卧、保暖，不可随意搬动和让伤员坐或站立。昏迷不醒者，可掐人中或嗅以氨水使之苏醒。

治疗期间，应嘱患者短期（一两周）卧床休息，保持安静和良好睡眠状态，直至头痛、恶心等症状消失为止。不要过早参加运动，否则有可能带来后遗症。此外，还可给予适当的药物治疗，如头痛者可用去痛片，恶心、呕吐者可给予氯丙嗪，心情烦躁、忧虑失眠者可服用安定，也可配合针灸、按摩等手段治疗。

由于脑震荡可与颅内血肿或脑挫伤并存，因此，伤员经过急救处理后，应卧床静息，严密观察，以便及时发现其他严重颅脑损伤。如有下列症状之一者；耳、口、鼻流脑脊液或血液；清醒后头昏、恶心、呕吐剧烈；两瞳孔不对称或变形；清醒后有颈项强直或出现第二次昏迷。

（七）脑挫伤

脑组织挫伤也是头部遭受暴力作用所致，但比脑震荡严重，有器质性病理改变。轻者仅软脑膜下有小出血点，神经细胞水肿、退变；重者可出现脑静脉淤血、出血肿胀及坏死；严重的颅内出血可危及生命。本症往往合并颅骨骨折及蛛网膜下腔出血。

1. 脑挫伤的征象与诊断要点

（1）持续性意识丧失及昏迷。轻者类似脑震荡，重者深度昏迷，可延续数小时至数日、数周不等。一般 30 分钟内清醒者多属脑震荡，30 分钟后仍昏迷者多为脑挫伤。另外，清醒后又迅速昏迷者多为脑血肿。

（2）局灶症状为伤部对侧偏瘫、失语、呼吸异常、吞咽障碍。如果为脑干的原发损伤，除有持续性昏迷外，还会有大脑强直、瞳孔放大或缩小、双侧眼球外视。

2. 处理

症状轻者的处理原则同脑震荡；重者应急送医院住院观察，进行止血，减轻脑水肿，降低颅内压，预防合并症。

3. 注意事项

受伤后应保持呼吸通畅，防止窒息。脑损伤合并颈椎损伤者，在抬运时必须用护颈夹板固定头部，避免摇晃和震动。对于开放性脑损伤，应予以消毒包扎，如同时伴有休克发生，要注意抗休克处理。

(八) 肩关节脱位

肩关节脱位常于运动员摔倒时，上臂外展、手或肘着地时发生。另外，上臂外表、肩关节突然过度背伸，或肩关节过度外旋时，也可能发生。

1. 诊断要点

(1) 有明显的受伤史。

(2) 肩关节疼痛及运动障碍。

(3) “方肩”畸形，即肩峰外突，失去原来的圆形，可伴有肢体缩短。

(4) X 线检查，可明确脱位的情况及有无骨折发生。

肩关节前脱位在喙突下或锁骨下能触摸到脱位的肱骨头。

2. 急救与处理

(1) 急救固定法。取两块三角巾，一块用来悬挂前臂，屈肘 90°，三角巾斜挎胸背部，在健侧肩上打结。另一块三角巾折叠成宽带，绕过患肢上臂，在健侧腋下打结。

(2) 前脱位的简便复位法。在肩关节急性脱位半小时内，由于患处反射性地神经传导阻滞而处于麻木状态，不须麻醉就可复位。较为简单易行的足蹬拔伸复位法是：患者仰卧，术者坐于患侧床边与患者相对，将与其相邻之足跟置于伤员腋窝，紧帖胸臂并向外推挤上臂上端，双手握患肢腕部，以足跟顶住腋窝做持续牵引，并逐渐内收、内旋其上肢，即可使其复位（图 1）。如果没有熟练掌握整复技术，不可随意施术，以免加重损伤。

(3) 肩关节习惯性脱位者，多是由于肩胛盂的前部或盂缘撕裂，或肱骨头外上方的压缩变形，致使关节不稳而经常脱出。患此症者一般需手术治疗，否则不能从事转肩动作较多的活动。

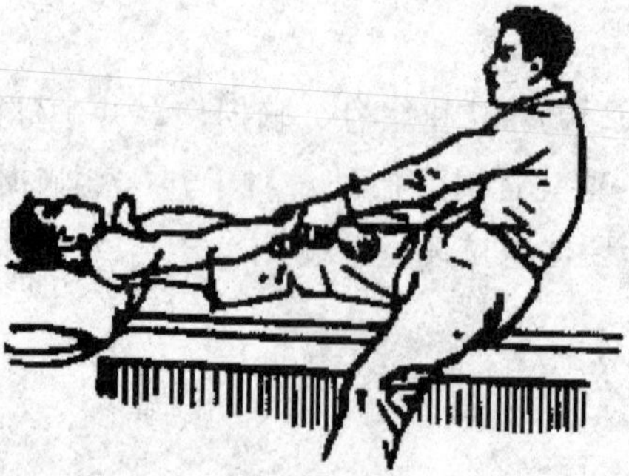

图 1　肩关节脱位简便复位法

(九) 肩袖损伤

肩袖的主要功能是稳定肩关节，使肱骨头紧密靠着肩关节盂。肩袖损伤是由于肩关节反复超常范围运动，使肩袖受到肩峰、肱骨头与喙肩韧带的不断挤压、摩擦，或肌肉的反复牵拉，使肌腱、滑囊发生微细损伤而致的劳损病症。

1. 诊断

肩袖损伤时，肩外展疼痛，有时会向上臂、颈部放射，肩外展或伴内、外旋时，疼痛加重。压痛局限于肩峰与肱骨大结节之间。疼痛弧试验为阳性，即上臂外展上举或从上往下放时，在 60~120°的弧度内出现疼痛，少于或超过这个弧度时疼痛消失。肩外展、外旋抗阻力试验为阳性。急性期常伴有三角肌疼痛，慢性期则继发三角肌萎缩乏力。肩袖肌腱断裂少见，完全断裂者，不能肩外展，出现"耸肩"。

2. 处理

急性期上臂置于外展 30°位置，适当休息、理疗、针灸、按摩、外敷中药或痛点注射封闭，效果较好。在痛点注射强的松龙，或醋酸氢化可的松加 1%奴弗

卡因溶液 10~20 毫升，止痛后便可恢复活动，但不可反复应用。怀疑有肌腱断裂者，送医院进一步检查或处理。

（十）肘关节内侧软组织损伤

肘关节内侧软组织损伤是指尺侧腕屈肌群和旋前圆肌在肱骨内上髁附着处，及肘关节囊和尺侧副韧带的牵拉性损伤。突然摔倒时，前臂外展、外旋撑地或突然猛烈地直拳击空（尺侧腕屈肌群被突然强力牵拉），以及突然猛力勾拳动作（尺侧腕屈肌群和旋前圆肌强烈收缩），都是造成这类损伤的典型动作。

1. 征象

大多数患者有急性受伤史，伤后肘内侧疼痛，肘关节伸展活动稍微受限，肘在重复受伤的动作时疼痛，局部肿胀，组织撕裂时可见皮下淤血。肘内侧压痛，多在肱骨内上髁和屈腕肌群或旋前圆肌的起始部。肘关节被动外展出现疼痛为韧带损伤；屈肘、屈腕、前臂旋前抗阻力疼痛加重为肌肉损伤。

2. 处理

损伤急性期患肢应停止运动，局部以强的松龙加奴弗卡因痛点封闭，效果较好。此外，还可配合理疗、外敷中药或按摩，都能收到较好的疗效。按摩手法可在局部做推、揉、分筋、理筋、点穴和肘关节屈伸运动。

（十一）掌骨骨折

在散打运动中，常见的是掌腕关节的拇指掌骨基底部骨折和第五、第二掌骨颈部骨折。运动员戴拳套而又没捆好保护绷带，或在空手进行训练时，如果掌骨沿纵轴受到暴力打击，就会发生此类骨折。例如，运动员用勾手拳以拇指击中对方时，常导致掌腕关节的拇指掌骨基底部骨折；以直拳击中对方，常会产生第五、第二掌骨颈部骨折。

1. 征象

掌腕关节的拇指掌骨基底部骨折常合并掌腕关节脱位。伤肢拇指的腕掌关节部的桡背侧明显突出、压痛，拇指外展、内收和对指活动受限。X 线可辅助诊断。掌骨颈骨折时，伤后掌骨呈“低头”畸形，致使掌指关节的背侧隆起变得低平（有时因局部肿胀遮盖了这种畸形）。

2. 处理

掌腕关节的拇指掌骨基底部的骨折，应急送医院复位处理。应该注意的是，此类骨折复位容易而固定困难，常因复位后再脱位或固定不理想，结果形成一个疼痛僵直的关节，外展、内收和对指活动受限。因此，在X线检查复位满意后，应制动5周，以确保痊愈，否则应在石膏上加粗铁丝，将拇指做持续牵引固定。

掌骨颈骨折复位容易。复位后应将伤指固定于90°屈曲位，石膏固定3周便可。

（十二）腰部急性扭伤

腰部急性扭伤，又称“闪腰”，有明显的外伤史，可发生在肌肉、韧带、筋膜及小关节部位。90%的病例发生在腰骶部和骶髂关节。腰痛可于伤后立即出现，也可一两天后出现。运动员自身腰、骶部肌力不足，也是造成急性腰扭伤的内在因素。

1. 征象

⑴ 肌肉轻度扭伤。患处隐痛，随意运动受限，不能弯腰，24~28小时后症状达高峰。扭伤严重时因肌痉挛可引起脊柱生理曲线改变。腰肌扭伤时疼痛可牵涉到下肢，但仅局限在臀部，大腿后部和小腿感觉正常。

⑵ 棘上韧带与棘间韧带扭伤。扭伤后局部的棘突上或棘突间有明显而局限的压痛，过度向前弯腰时疼痛加重，而向后伸腰时疼痛较轻。如果疼痛剧烈，压痛处韧带松弛而有凹陷，腰前屈时棘突间距离增大，提示可能为韧带完全断裂。

⑶ 筋膜破裂。腰部扭伤造成的腰背筋膜破裂，多发生在骶棘肌鞘部和髂嵴上、下缘。患处有明显压痛，弯腰和腰扭转时疼痛较重，腰伸展时疼痛较轻。其余征象与肌肉扭伤相似。

⑷ 小关节交锁。往往发生于肌肉无活动准备的仓促弯腰扭转动作，受伤当时即有腰部剧烈疼痛，呈保护性强迫体位，不敢做任何活动，亦惧怕任何搬动，

尤其不能做腰后伸活动，几乎整个腰部肌肉都处于紧张僵直状态，走路时以手扶腰，步态迟缓，惧怕触动。疼痛位置较深，不易触到压痛点，但叩击伤处可引起震动性剧烈疼痛。

2. 处理

急性腰扭伤的患者一般应卧床休息，仰卧于有垫子的木板床，腰部垫一薄枕，以便放松腰肌，也可以与俯卧位相间交替，避免受伤组织受牵扯和受凉，以利修复。轻度扭伤休息 2~3 天，较重扭伤需休息一周左右。

伤后即可进行穴位按摩或针灸，在人中、肾俞、大肠俞、委中等穴位上施以手法，以产生较强的得气感，一般都能止痛并使腰部活动增加。小关节交锁者在放松后施行脊柱旋转复位法，效果迅速。

腰椎侧扳法：伤员侧卧，上面的腿屈曲，下面的腿伸直。术者双手分别按在患者的肩部和臀部并做反方向运动，当腰部转到最大范围时，稍稍施策略扳动，常可听到“咔嗒”声（图 2），症状立即缓解。

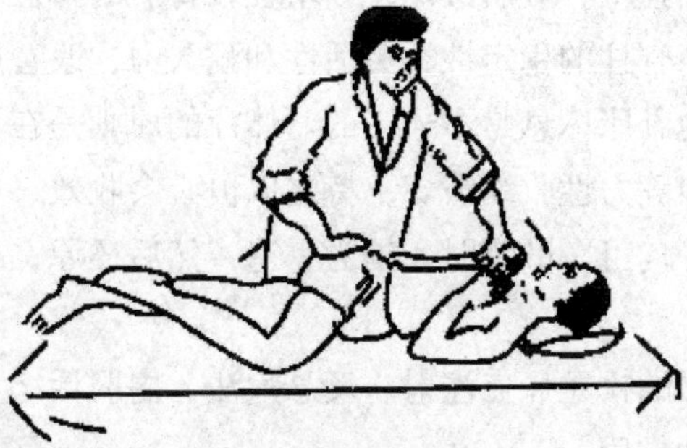

图 2 腰部侧扳法

此外，急性腰部扭伤后还应配合外贴活络止痛膏，内服活络止痛药以及拔罐、针灸、理疗、局部注射强的松龙等方法，以取得更好的疗效。

(十三) 腰部劳损

腰部肌肉、韧带和筋膜因长期反复地牵拉、紧张所致的慢性积累性损伤。无明显的急性外伤史，逐渐发生。

1. 征象与诊断

有长期反复慢性腰痛史或多次外伤史。腰部酸胀疼痛，沉困、僵硬活动不利。疼痛为一侧或两侧不等，范围较大，有时可牵涉到臀部，疼痛在久坐、久立、劳累和天气变化时加重，休息和得暖或轻微按摩后即可减轻。在脊柱活动过程中，特别是前屈时会在某一角度出现明显腰痛。劳损部位触诊有压痛或酸胀反应、硬结或痉挛的条索状肌肉。X 线下有时可见腰柱畸形。

2. 处理

按摩和体疗是治疗腰痛的重要方法。

按摩疗法对腰部劳损引起的腰部肌肉痉挛和组织粘连最为有效，能达到减轻或消除腰痛的目的。按摩一般采用重手法治疗，即按压、推、滚、揉、摩、弹筋、分筋、叩击等，可每次依此顺序进行按摩，也可选择其中若干手法有机组合。穴位按摩可取肾俞、大肠俞、环跳、委中等穴，每次按摩 10~20 分钟，每日或隔日 1 次。

体疗的目的是加强腰、腹肌锻炼，以增强腰背肌的弹性和耐力，协调腰腹部肌肉的平衡性，提高脊柱的稳定性、灵活性和耐久力，改善肌肉供氧状态，松解粘连。因此，过多地卧床休息是不适当的。体疗的原则是在不引起疼痛和肌肉痉挛的前提下进行肌肉静力性收缩锻炼，持之以恒必会收效，如仰卧举腿或三点支撑、俯卧“飞燕”等均可。锻炼时 4 拍为一遍，然后还原，松弛肌肉，每次至少做 30 遍。

针灸、理疗、强的松龙痛点注射、反悬疗法、内服活络止痛药物等，对治疗腰部劳损有一定辅助作用。

（十四）髂腰肌血肿（股神经麻痹）

散打运动员比赛中相互抱摔、转体侧踹动作，以及后倒地时自我保护不当，均可引起腰部肌肉猛烈收缩而损伤髂腰肌，出现髂腰肌下血肿，此血肿常压迫神经引起股神经麻痹。

1. 征象

(1) 受伤后髂窝部即刻疼痛且逐渐加重，患肢不能直立。

(2) 卧位时髋呈屈曲外旋畸形，强迫伸直时疼痛。

(3) 当血肿形成压迫股神经时，股四头肌麻痹，大腿前中知觉障碍，特别是膝部知觉消失。

(4) 在髂骨窝部可触到有压痛的肿块（血肿），穿刺时可抽出积血。

(5) X 线检查时可见到腰大肌部阴影异常。

2. 处理

治疗时宜采用卧床休息，局部冷敷后沙袋加压止血，并用止血、镇痛及预防感染的药物。要尽量减少出血，如已形成血肿，应尽早抽出积血，以免血肿压迫股神经引起永久性股神经麻痹。

(十五) 膝关节急性损伤

膝关节构造复杂，关节周围的肌肉和肌腱、内外侧副韧带，前后十字韧带，以及内外侧半月板等共同维持其稳定性，是全身易发生运动损伤的关节之一。

1. 征象

膝关节急性损伤的征象有膝关节疼痛、肿胀、压痛、活动障碍，以及膝关节交锁等。膝关节交锁常见于半月板部分撕裂、十字韧带断裂、内侧副韧带断裂，其表现为偶然一次膝关节屈伸活动中，突然“卡住”于半屈伸状态，一些患者在主动活动膝关节时，伴随“咔嗒”一声而再伸直，称为“解锁”。

2. 检查方法

(1) 膝关节侧向运动试验。用于检查侧副韧带的损伤。方法是伤者仰卧，膝关节微屈 30°，检查者一手握住并固定踝部，另一手放在膝关节下部，被动外翻膝关节，膝关节外翻活动异常与膝内侧痛，提示膝内侧副韧带断裂。反之，则提示外侧副韧带断裂。若关节无明显异常活动而仅有轻微疼痛，则多为韧带扭伤。这项检查应在受伤时立即检查，可以避免出现假阳性。

(2) 抽屉试验。是检查前后十字韧带有无松弛的方法。患者取仰卧位，双膝屈曲，检查者用膝抵住患者的足背，双手握住患肢胫骨上端用力前、后推拉。如果胫骨上端有向前移动现象，则证明前十字韧带松弛。反之，如向后过多地移动，则证明有后十字韧带断裂。

⑶ 麦氏征试验。是检查膝关节半月板损伤的方法。患者取仰卧位，检查者一手握住患肢足部，另一手扶在膝上，先充分屈膝屈髋，然后使小腿外展、外旋，将膝关节由极度屈曲而缓慢伸直，如内侧关节间隙有响音（听到或手感到），同时出现疼痛，即表明内侧半月板损伤。反之，内收、内旋小腿伸直膝关节，外侧关节间隙有响音则为外侧半月板损伤。

3. 处理

⑴ 轻微侧副韧带扭伤。疼痛较轻，肿胀不明显，侧向运动试验无异常，无关节屈伸功能障碍的患者，将患膝置于微屈曲位，制动 2~3 天，外敷活血止痛中药。3 天后，可开始步行锻炼，用舒活酒按摩治疗；膝关节患处由远心端向近心端做轻推摩，大小腿肌肉用揉捏法。每日练习直膝抬腿及负重直抬腿、抗阻伸膝抬腿 2~3 次，总时间 40~50 分钟。如果参加比赛，应用粘膏支持带及弹力绷带保护。

⑵ 较重的侧副韧带扭伤。患膝疼痛明显加剧的病例，早期治疗时应着重止痛、止血和保护操作韧带不至于进一步加重损伤。可采用棉垫或海绵加弹力绷带加压包扎，再用托板将患膝固定于微屈位后抬高患肢休息。2~3 天后去除压迫材料，开始进行按摩，手法与轻微扭伤相同，隔日 1 次，最好配合外敷和内服活血散淤、消肿止痛中药或理疗，继续托板固定，并同时开始每日做 2~3 次股四头肌静力收缩（绷紧）。伤后 10 天左右可加大按摩力量，增加按摩手法，增加直膝抬腿练习并逐渐过渡到负重直膝抬腿练习，同时仍可配合外用和内服舒筋活络中药。2~3 周后解除托板固定，开始练习走路，继续按摩治疗并增加弹筋手法，开始练习膝关节屈伸运动并逐渐过渡到屈曲位抗阻力伸膝练习。刚恢复下地走路时，伤处可贴活络膏或橡皮膏，患肢鞋跟用楔形垫垫高 0.5~1 厘米，以防反复扭伤，此法可持续至局部无压痛和肌力恢复正常为止。为了使膝关节功能良好恢复，可同时采用按摩、理疗、中药熏洗。

⑶ 十字韧带未完全断裂。先用长腿托板固定患肢于 30°（伸直为 0°）6 周。固定期间与解除固定后的按摩治疗和功能练习原则上与较重的扭伤相同。

⑷ 十字韧带和侧副韧带完全断裂。尽量在伤后一周内手术缝合。

⑸ 半月板损伤。由于急性期难以作明确诊断，可按重度扭伤处理，如有“交锁”感，必须“解锁”后才能固定。如果是半月板边缘破裂还有自愈可能。

⑹ 陈旧性损伤。坚持 3 个月以上有计划地、积极地进行股四头肌和膝关节屈肌功能锻炼和按摩治疗。如果股四头肌代偿功能良好，关节稳定性无碍训练

者，一般不予手术治疗，但应注意训练量和强度要适宜，并加强医务监督。如症状严重、疼痛明显、关节不稳、关节交锁、妨碍训练者，可考虑手术治疗。

（十六）踝关节急性扭伤

组成踝关节的韧带有三组，即内侧副韧带（三角韧带）、外侧副韧带和胫腓韧带联合。踝关节急性扭伤多为外侧副韧带扭伤，约占80%。严重时韧带断裂，往往包括胫腓韧带联合骨折撕脱分离，内、外、后踝骨折——三踝骨折。

1. 征象

踝外侧副韧带扭伤者有足内翻受伤史。踝外侧疼痛轻重与伤势有密切关系。

（1）踝外侧韧带扭伤。患足可以持重，跛行，踝外侧轻度肿胀。踝关节强迫内翻试验可使疼痛加重，踝关节稳定，无异常活动。

（2）踝外侧韧带完全断裂。患足不能持重，跳跃式跛行，外踝剧痛，肿胀严重而且范围大，外踝和足背出现皮下淤斑。踝关节强迫内翻试验时伤处剧痛，同时有踝关节不稳和距骨异常活动。踝关节前抽屉试验如果活动范围大，说明踝关节外侧副韧带完全断裂。

2. 处理

现场急救处理时立即用拇指压迫痛点（韧带的断裂部）止血，同时做强迫内翻试验及踝抽屉试验，检查是否有韧带断裂。如疑有韧带断裂，应立即用大块海绵垫或棉花块压迫包扎，绷带缠绕的方向应与受伤暴力作用方向相反，例如，外侧副韧带损伤应将踝关节包扎于轻度外翻背屈位，抬高伤肢运送医院。

（1）外侧副韧带轻度扭伤。用绷带或粘膏支持带包扎后，外敷新伤药，将踝关节固定轻度外翻位4~7天，轻度韧带捩伤应尽早活动，一般4天以后可保持原固定下地走路，并配合按摩、理疗、中药熏洗和踝背伸抬腿练习。按摩治疗时，踝关节外侧用推摩手法，足背和小腿前外侧用捏和揉捏方法。若是比赛中受伤需继续比赛时，可用粘膏支持带固定后继续参赛，赛后用同样的方法治疗。

（2）外侧副韧带严重扭伤（踝关节强迫内翻试验出现轻度不稳）。加压包扎止血，并用托板将足固定于轻度外翻背屈位，抬高伤肢休息，配合内服活血止痛中药治疗。3天以后解除加压包扎材料，继续托板固定，并配合按摩、理疗、外敷与内服舒筋活络中药、针灸等治疗方法，固定与制动1~2周。解除固定后，应继续治疗，积极从事功能锻炼，如下地活动、提踵、踝关节屈伸运动，直至痊愈。

(3) 踝关节强迫内翻试验和前抽屉试验出现明显松动，或有“开口”感（即外侧副韧带完全断裂），及合并踝部骨折时，经现场急救处理后，及时转送医院诊治。

(十七) 足部蹠骨骨折

散打运动中的蹠骨骨折，多由直接外力作用在蹠骨上引起，例如，侧鞭腿时足背如果碰到肘尖等处时便可导致蹠骨骨折。

1. 征象及诊断

疼痛、压痛、足背肿胀、足部不能持重、前脚落地时伤部剧痛，有明显受伤史。X 线检查，可明确有无骨折及骨折的部位和程度。

2. 处理

如足背部急性外伤史并有骨折征象时，应赤足，在小腿后放一直角夹板，然后用宽带固定膝下、踝上和足部，急送医院处理。伤后患者应停止训练。停训期间应进行患侧踝关节的功能锻炼，一月后痊愈，便可逐渐投入正常训练。

二、运动性病症

(一) 运动性血尿

在肉眼或显微镜下尿中有血或血细胞，称为血尿。血尿是一种临床征象，起因很多，单纯由于剧烈运动所致的称为运动性血尿。运动性血尿在散打运动员中的发病率较高，一些研究表明，专业水平越高发病率越高，男性多于女性。

运动性血尿发生的主要原因，是剧烈运动或大负荷运动所致。散打运动员血尿发生的机制有：

- 肾静脉压增高和肾脏发生淤血，使红细胞渗出。
- 肾缺血缺氧影响肾小球的正常生理功能，使毛细血管通透性增加，导致

红细胞渗出。

- 泌尿系统器官微细损伤引起肾出血，使尿中出现红细胞。

1. 诊断与鉴别诊断

运动性血尿一般在运动后即刻出现，血尿的明显程度与运动量、运动强度、腰部的技术动作和身体的震动活动多少有关。若血尿出现后停止运动，则会迅速消失，一般不超过三天。除血尿外，一般无其他征象。血液化验、肾功能检查、腹部X线平片及肾盂造影等项检查均正常。

运动后出现血尿，除运动性血尿外，还可能由于一些器质性疾病和外伤引起，因此应加以鉴别诊断。

常见能引起血尿的器质性疾病有以下几种，但其血尿程度一般与运动量无明显关系，同时还有其本身一些特有的症状：

- 肾小球肾炎。浮肿、尿少、尿蛋白、血压高。
- 泌尿系统感染（如肾盂肾炎、肾结核、膀胱炎、膀胱结核等）。血尿、脓尿和尿频、尿急、尿痛，尿液细菌培养呈阳性。
- 泌尿系统结石。肾绞痛、尿频、尿急、尿少或尿中断，腹部X线平片或肾盂造影可发现结石。
- 其他还有泌尿系统的肿瘤、肾下垂、肾先天性畸形等。

外伤性血尿是运动时腰部受到钝物打击或摔倒，造成肾脏挫伤所致。这类患者一般都有腰部受伤史和腰痛症状。

2. 处理

若运动员出现血尿，应仔细问诊和检查，由专科医生作出明确诊断。

运动性血尿诊断成立后，轻者可以参加训练，但要减少运动量，加强医务监督，同时给予适当治疗。例如，对反复发作或镜下血尿持续不消者，可用大剂量的维生素C、维生素K和适当的止血剂（安络血或中草药）等。伴有身体机能下降者，可用ATP和维生素B_{12}，补充蛋白质和铁剂。

运动性血尿运动员的训练安排与医务监督，一般的意见认为，对肉眼所见运动性血尿者，如血尿出现次数多、反复发生、持续时间长，不管有无征象均应暂时停止运动训练，采取必要的治疗。对镜下所见运动性血尿的运动员，或偶发者，可照常参加训练和比赛，但应严格控制运动量、运动强度和减少腰部活动，禁止大强度训练和比赛，同时加强医务监督，经常做尿液检查，如多次在镜下检查红细胞超过 5 个，也应减少运动量，少于 5 个时可继续训练和比赛。

运动性血尿一般愈后良好。

（二）低血糖症

正常人的血糖维持在一定的水平（80%~120%毫克），当血糖低于 55%毫克时，可出现一系列症状，称为低血糖症。

散打运动训练和比赛中发生的低血糖症，大部分是由于在控制体重过程中进行正常训练，或者比赛前控制体重和运动前饥饿，体内肝糖原储备不足，不能及时补充血糖的消耗所致。另外，赛前情绪过分紧张或身体状态不佳，使中枢神经系统调节糖代谢的功能紊乱，引起胰岛素分泌量增加，也是造成或加剧低血糖症的原因之一。

1. 征象

患者感到非常饥饿、头晕、乏力、心慌心跳、面色苍白、出虚汗。较重者神志模糊、语言不清、精神错乱、躁动不安，甚至惊厥、昏迷。检查脉搏快而弱，血压无明显变化或昏倒前血压升高而昏倒后血压降低，呼吸短促，瞳孔扩大。化验血糖明显降低（55%毫克以下）。

2. 急救

使患者平卧，注意保暖，神志清醒的可喝糖水并吃少量食品，一般短时间后即可恢复。若昏迷，可针刺或掐点人中、足三里、合谷等穴，并迅速请医生处理。这时若能静脉注射 50%的葡萄糖 50~100 毫升，提高血糖浓度，就可使病情迅速好转。

（三）运动性贫血

贫血是血液中红细胞数和血红蛋白值低于正常数值的一种临床表现，它可由多种病因引起，不是一种独立的疾病。运动员发生贫血，除一般性病因外（急性或慢性失血、感染、疾病、中毒等，使红细胞破坏过多、造血原料缺乏或造血功能不全），还有一种独特的运动训练性致病因素所致的贫血，称为运动性贫血。

运动性贫血的发生率占所有运动员的20%~35%，女性高于男性。运动性贫血的类型，绝大多数属缺铁性贫血（低血红蛋白、小红细胞型），少数为溶血性贫血（正常红细胞型），个别患者为混合性贫血。

运动训练对机体的红细胞和血红蛋白有一定的影响，影响的程度与运动负荷量、运动员的训练状态和身体机能有较大的关系，还与运动训练的季节、运动员的营养和年龄等因素有一定的关系。运动性贫血通常由红细胞被破坏，或蛋白质和铁的消耗与摄入不足引起。

1. 征象

运动性贫血发病缓慢，主要症状有头昏、眼花、耳鸣、乏力、易疲倦、食欲不佳、体力活动能力差，以及运动时出现心悸、气促、心跳加快和运动成绩下降等。主要特征有眼结膜苍白、皮肤发白无血色、安静时心率加快、运动后心率恢复减慢、心脏听诊时可发现心尖部有吹风样收缩期杂音。血液检查时可发现红细胞和血红蛋白值低于正常数值（男子红细胞数低于400万/立方毫米、血红蛋白值低于12克%。女子红细胞数低于350万/立方毫米、血红蛋白值低于10.5克%）。

患者症状的轻重程度与血红蛋白的多少及运动量的大小密切相关。当男运动员的血红蛋白值在11克%，女运动员在10%~10.5%时，往往在大运动量训练时才有征象；血红蛋白男低于10克%，女低于9克%时，在中等运动量训练时就会出现征象；严重贫血时，小运动量训练时则会表现出明显的征象。

明确诊断应在全面详细的医学检查后作出，以便排除其他原因所引起的病理性贫血。但有一点可以作为教练员和医生诊断的参考依据，即运动性贫血的特点是，如果运动量减少或停止运动训练一段时间后（一个月左右），红细胞数和血红蛋白量明显增加；如果训练停止后，营养供应（尤其是蛋白质、铁剂、维生素的供应）又较为充足和完善，但未见运动员的红细胞和血红蛋白量增加，或增加极少者，则应考虑为病理性贫血。

2. 处理

应减少运动量，必要时停止正常训练。一般来说，当男运动员的血红蛋白值在10~12克%，女运动员在9~10克%时，可边治疗边训练，但要减少负荷强度和负荷量；当血红蛋白男低于10克%，女低于9克%时，应停止大、中运动量的训练和耐力练习，而以治疗为主。如为严重贫血，则应停止一切运动训练，积极进行治疗。膳食要富于营养，应含较多的蛋白质、铁质和维生素。可服用抗贫血药物，如硫酸亚铁、橼酸铁胺、富血铁、力勃隆等。为促进铁的吸收，可同时服用维生素C和胃蛋白酶合剂。对口服疗效差或口服后胃肠反应大者，可采用肌注铁剂或补血中草药。对严重的贫血病例，必要时可考虑输血疗法。

(四) 过度训练综合症

过度训练综合症简称过度训练，是指训练中由于疲劳的连续积累而引起的一系列功能紊乱或病理状态。其早期称为过度疲劳。

1. 病因与发病机制

(1) 训练、比赛安排不当。在运动训练中，违反了运动训练的基本规律和基本原则，持续进行大运动量训练，运动负荷无明显节奏，缺少必要的调整，是造成疲劳积累，引起本病的主要原因。例如，忽视循序渐进及系统性原则，运动负荷增加过快或随意中断；不注意全面的身体和心理素质训练，不考虑个体差异的客观存在即投入大运动量训练；未能因环境、气候诸因素的变化及运动员生理状态的变化而调整训练量和运动负荷等。此外，参加比赛过于频繁，连续比赛期间缺乏足够的休息，伤病后过早地参加各种训练比赛等也是引起过度训练的原因。

(2) 身体机能状态不佳。伤病初愈，营养不合理，工作、学习、精神负担过重，生活规律和环境发生改变，以及过量吸烟、酗酒等因素，可造成运动员身体机能水平下降，使之与所安排的运动负荷不相适应，结果导致过度训练的发生。

2. 征象

过度训练的表现多种多样，可涉及各个器官系统，并且因症状程度的不同又有差异。

(1) 早期。症状较轻，以神经系统方面的表现最为多见，与神经衰弱症状相似。运动员表现出食欲减退，睡眠障碍，精神不振，没有参加运动训练的欲望甚至有厌烦情绪，有时头痛、头晕、记忆力减退以及心情烦躁不安，容易激动等症状。客观检查多无明显异常。因此，过度训练早期极易误诊为“神经官能症”而延误治疗。

(2) 中期。早期症状加重，出现全身乏力、失眠、头痛，活动时容易出汗且极易疲劳，对专项训练厌倦、体重减轻、运动能力和运动成绩下降等症状。客观检察可发现安静血压升高、脉率加快。心血管系统联合机能试验在负荷后出现梯形反应，且恢复期延长。心电图、脑电图、肺功能检查可有轻度异常。

(3) 晚期。自觉症状更为严重，并伴有较明显的消化系统、心血管系统症状，如恶心、呕吐、腹泻、便秘，以及胸闷、心悸、气短等。动作协调性和综合判断能力较差，运动能力显著下降，还可发现精神萎靡不振或情绪躁动不安，面色不佳等。心血管联合机能试验异常反应可占 60%~80%，多呈梯形反应。心电图检查异常者可达 67%，可出现各种类型心律不齐和 ST 段不移，T 波降低、倒置或呈双向等变化。脑电图节律异常者约占 55.6%。呼吸系统机能检查可呈现肺活量减少，静息通气量增加等异常。血液化验检查有血红蛋白和红细胞减少，尿液化验可出现尿蛋白和管型尿。女运动员往往出现月经紊乱。

过度训练的症状和体征复杂多样，诊断时应详细询问病史、运动史，配合必要的检查，并注意鉴别诊断。早期主要和神经官能症相区别，中、晚期应与肝炎、肾炎、贫血、心脏病等相区别。

3. 处理

处理过度训练问题的关键是要早发现、早治疗。处理的原则是消除病因，调整训练内容或改变训练方法，及时对症治疗。

在过度训练早期，应及时调整训练计划，降低运动负荷，同时注意休息，增加睡眠时间，改善营养，一般病情可以得到缓解。对早期病情未能得到控制而进一步发展加重者，除做上述处理外，必要时可停止专项训练，辅以放松性练习，调整生活规律，洗温水浴，进行恢复按摩和医疗体育等。还可根据不同病情给予药物治疗，如维生素（B_2、B_6、B_{12}、C）、葡萄糖、三磷酸腺苷、谷维素、镇静剂等。

过度训练经过正确处理治疗后，愈后一般良好，内脏器官也无器质性损害，但恢复时间长短不一，轻者 2~3 周可愈，重者需 2~6 个月，严重者往往需半年以上或更长时间方可恢复。

4. 预防

(1) 遵守科学训练原则，加强身体的全面训练。定期做身体功能检查，根据运动员的机能水平和个人特点制定适当的训练和比赛计划。

(2) 加强医务监督，注意观察运动员训练过程中可能出现的不良征兆。在大运动量训练和比赛后，采取积极的恢复措施，保证必需的营养和充足的睡眠时间。

(3) 及时治疗各类伤病。伤病恢复期投入训练时运动量要循序渐进。

图书在版编目（CIP）数据

散打教学与训练 / 周争蔚主编. -- 北京：人民体育出版社, 2010（2022.10重印）
ISBN 978-7-5009-3875-0

Ⅰ. ①散… Ⅱ. ①周… Ⅲ. ①散打（武术）—中国—体育教学②散打（武术）—中国—运动训练 Ⅳ. ①G852.42

中国版本图书馆CIP数据核字(2010)第010697号

*
人民体育出版社出版发行
环球东方（北京）印务有限公司印刷
新华书店经销
*
787×960 16开本 20印张 283千字
2010年7月第1版 2022年10月第10次印刷
印数：22,001—24,000册
*
ISBN 978-7-5009-3875-0
定价：49.00元

社址：北京市东城区体育馆路8号（天坛公园东门）
电话：67151482（发行部） 邮编：100061
传真：67151483 邮购：67118491
网址：www.psphpress.com